생사해탈의 오직 한 길

-선사들의 왕생법문곡과 염불법문-

상이암 엮음

'나무아미타불' 6자 법문은
윤회를 벗어나는 지름길

"임종을 당해 숨이 끊어지는 마지막 큰 고통이 일어날 때에 자유자재할 수 있겠는가? 만약 그렇지 못하다면 한 때에 만용을 부리다가 길이 악도(惡道)에 떨어지는 후회막급의 누를 범하지 말아야 할 것이다.

또한 마명보살이나 용수보살이 이미 다 조사(祖師)이면서도 분명히 말씀하여 왕생하는 길을 간절히 권했거늘, 나는 어떤 사람이라고 왕생을 부정하겠는가?"

서산(休靜, 1520~1604년)대사께서 『선가귀감』에서 염불을 외면하거나 무시하는 일부 선승(禪僧)들을 경책하는 법문입니다. 대사의 고구정녕한 이러한 법문은 400여년이 지난 오늘날 더욱 절실한 당부의 말씀이 아닐 수 없습니다. 한국의 최대 종단인 조계종이 선종(禪宗)을 표방하다 보니 염불, 간경, 주력 등 화두참선 이외의 수행방편은 홀대 받기에 이르렀고, 불립문자(不立文字)를 지나치게 표방한 가풍은 경전과 조사어록을 소홀히 하는 지경에 이르렀습니다. 상황이 이렇다 보니 스스로의 수행(自燈明)을 비춰볼 법등명(法燈明)이 외면당하는 국면에 접어들게 되고, 결국은 선(禪)과 교(敎), 이(理)와 사(事)가 분리된 신행형태가 만연하는 결과를 낳게 되었습니다. 이리하여 오늘날 경전도 공부하지 않고 수행도 하지 않는 '한국불교의 위기'에 이르게 한 악순환의 고리를 형성하는 한 원인이 된 것 같습니다.

하지만 불조(佛祖)의 혜명(慧命)이 위태로운 오늘날에도 묵묵히 염불(念佛)하며 간경(看經)하는 신심 깊은 불자들이 있으니, 이들이 불교를 중흥시킬 주역이라 확신합니다. 서산대사께서는 선종의 대종장이면서도 "'나무아미타불' 여섯 자 법문은 윤회를 벗어나는 지름길이다"라고 단언하였습니다. 대사께서는 "마음으로는 부처님의 세계를 생각하여 잊지 말고, 입으로는 부처님의 명호를 똑똑히 불러 산란하지 않아야 한다. 이와 같이 마음과 입이 서로 합치되는 것이 염불(念佛)이다"라고 당부하였습니다. 우리 불자들은 서산대사를 비롯한 역대 고승들이 말법시대에 가장 쉽고 빠른 생사해탈의 길로 천명한 '나무아미타불' 염불을 통해 살아서는 안심(安心)과 행복을 얻고, 죽어서는 왕생극락하여 무생법인(無生法忍)을 증득하고 성불하여 중생을 구제하는 대승보살의 길을 걸어가야 마땅할 것입니다.

　이 책은 역대 고승과 선사들의 가사체 왕생법문곡과 염불법문을 수록해 염불행자는 물론 참선, 위빠사나 등 다른 수행방편을 닦는 불자들도 염불의 깊은 뜻을 터득해 이생에 윤회를 벗어나 불퇴전지(不退轉地)에 오르는 기연(機緣)을 만날 수 있도록 편집했습니다.

　이 책을 엮은 임실 상이암 주지 동효 큰스님 이하 사부대중과 보문행 보살님 가족을 비롯한 법보시 시주(施主) 불자님들께 깊은 감사와 찬탄을 올리며, 모든 공덕을 법계에 회향합니다.

나무아미타불 나무아미타불 나무아미타불

도서출판 비움과소통 대표
김성우 합장

목 차

머리말

제1부. 고승들의 왕생법문곡

나옹선사 서왕가   11
서산대사 회심곡   19
서산대사 별회심곡   28
사명대사 교몽가   39
경협스님 염불가   45
백발가   50
몽환가   60
권왕가   70
왕생가   109
학명선사 왕생가   113
학명선사 원적가   115
장엄염불   120

제2부. 선사들의 염불법문

육조 혜능선사의 염불공덕게   154

영명 연수선사의 선정사료간   156

영명 연수선사의 정토법문   158

태고 보우선사의 자성미타   162

보조 지눌선사의 염불요문   163

감산대사의 염불절요   174

함허선사의 미타찬   179

조주선사의 아미타불   185

서산대사의 염불법문   186

철오선사의 정토법문   190

백장선사의 염불법문   197

천여 유칙선사의 정토혹문   201

우익대사의 아미타경요해   205

해안선사의 아미타불 화두   209

일타스님의 칭명염불법   215

제1부. 고승들의 왕생법문곡

나옹혜근(懶翁慧勤, 1320-1376) 선사

고려 공민왕 때 고승. 속성(俗性)은 아(牙), 속명은 원혜(元惠), 호는 나옹(懶翁), 법호는 보제존자(普濟尊者)이다.

문하에 무학을 위시해 백여 인이 있었고 혼수에게 법맥을 잇게 하였다. 지공(指空)과 무학(無學)과 함께 삼대(三大) 화상(和尙) 중 한 분이다. 태고와 함께 고려말 선종의 고승으로서 조선 불교에 큰 영향을 끼쳤다.

1340년(충혜왕 1년) 20세에 출가하여 묘적암(妙寂庵)의 요연(了然)에게 득도하고 전국의 명산대찰(名山大刹)을 찾아 만행을 하였으며, 1344년(충혜왕 복위 5년) 회암사에서 4년 간(間) 좌선(坐禪)하여 개오(開悟)했다.

1347년(충목왕 3년)에 원(元)의 연경(燕京)으로 건너가 고명(高名)한 승려들을 찾아 교시(敎示) 받고 인도의 지공선사(地空禪師)의 법을 이어받았다. 중국 대륙에서 광제선사(廣濟禪寺)의 주지(住持)로 있다가 1358년(공민왕 재위 7년)에 고려로 귀국하였다.

고려로 귀국한 후, 공민왕 때 왕명으로 내전에서 설법하고 회암사(檜巖寺)의 주지가 되었다. 1371년, 가사와 법복을 하사받았으며 왕사에 봉해졌다. 공민왕에게 존숭(尊崇)받고서 법호(法號) 보제존자(普濟尊者)를 받았다. 1376년, 우왕(禑王) 때 왕명을 받고 밀양의 영원사(瑩原寺)로 가다가 여주의 신륵사(神勒寺)에서 입적했다.

서왕가

西往歌

나옹선사

우리도　이럴망정 세상에　장부로세
천지로　장막삼고 일월로　벗을삼아
천하강산 구경하고 만고풍상 겪은후에
고향으로 돌아오니 산천은　불변이나
인심이　크게변해 악한사람 수없으며
선한사람 하나없다 저근듯　생각하니
꿈속같은 이세상에 염불않고 무엇하리
세간재미 좋다하나 열반락에 당할소냐
왕후장상 영웅호걸 금세상에 장부로서
삼도윤회 못면하니 그도역시 몽환이요
금은칠보 좋아하나 생로병사 못면하니
그도역시 몽환이요

만승천자 전륜왕[1]도 육도윤회 못면하니
그도역시 몽환이라 존비귀천 상하없이
세상락만 탐착하고 염불한번 아니하니
이목숨이 죽어갈때 일직사자 월직사자
우두나찰 마두나찰 전후좌우 늘어져서
금강철봉 손에들고 이슬같은 이내몸을
이리치고 저리치며 사대색신 결박할때
부모처자 대신갈까 확탕노[2]란 저지옥에
            鑊湯爐

화살같이 들어가서 만반고통 받을적에
모은재물 가져다가 저지옥에 인정쓸까
만사만생 대고통을 어느때나 벗어날꼬
아이고   답답설움 저고통을 어이할꼬
지옥한번 들어가면 나올기약 전혀없어
이를어찌 하잔말가 세상사를 생각하니
모두다   죄악이오 떳떳한것 하나없어

---

1) 전륜성왕(cakravartin 轉輪聖王): 무력을 사용하지 않고도 전 인도를 통일한다는 고대
   인도의 이상적인 제왕. 몸에 32상을 갖추고 즉위할 때에는 하늘로부터 윤보(輪寶)를
   감득(感得)하고 이 윤보를 굴리면서 사방을 위엄으로 굴복하게 함으로 전륜왕이라 불
   린다.
2) 삶아 죽이는 가마. 쇳물이 끓는 솥에 삶기는 고통을 받는 지옥을 '확탕지옥'이라고 한
   다. 부처님의 금계를 깨뜨린 사람, 중생을 죽여 고기를 먹은 사람, 불을 질러 많은 생
   물을 죽인 사람, 중생을 불에 태워 죽인 사람이 간다고 하는 지옥.

도무지   몽환이라 세상사를 뿌리치고
부모전에 하직하고 단표자   일납의[3]로
          單瓢子   一衲衣
청려장   비껴들고 명산을   찾아가서
淸藜杖
선지식을 친견후에 일대시교 열람하고
형체없는 여섯도적 낱낱이   잡으리라
반야검   손에들고 오온[4]산에 들어가니
                    五蘊 山
산은더욱 첩첩하고 사상산이 더욱높다
                    四 相 山
오온산상 육근문에 팔만사천 번뇌적을
한수단에 사로잡고 지혜로   배를이뤄
만행으로 장엄하여 염불중생 실어두고
삼승짐대 일승돛을 높이높이 달아두고
三乘   一乘
정진으로 운전하여 삼계바다 건너갈때
순풍은   순히불고 흰구름은 잘도난데
인간을   생각하니 슬프고도 가련하다

3) 선승이 소지하는 최소한의 물건. 즉 한 개의 표주박과 한 벌의 낡은 옷.
4) 오온(五蘊): 색 수 상 행 식(色, 受, 想, 行, 識)의 다섯 가지 존재의 구성요소. 물질계
   와 정신계의 양면에 걸치는 일체의 인연에 의해서 생기는 현상을 말하며 그 인연이 소
   멸되면 오온의 현상이 없어지므로 집착할 실체가 없는 것을 나타낸다. 오온은 물질,
   형태를 말하는 색(色), 감각을 말하는 수(受), 지각, 상상을 말하는 상(想), 행동, 의지
   를 말하는 행(行), 분석적 지식, 의식을 말하는 식(識)으로 나타난다.

삼계화택 풍진속에 미진같은 저중생을
어이다   제도할꼬
초로같은 인생들아 일생이   얼마건데
염불한번 아니하여 세간사만 탐착하여
애욕망에 걸리는고 하루도   열두시요
한달도   삼십일에 어느날이 한가할까
자성불을 모셨건만 어느날에 찾아볼까
극락은   멀디멀고 지옥은   가깝도다
답답한   창생들아 권하노니 염불하오
지금세상 지은공덕 다음세상 받나니라
백년탐물 쓸데없고 일년선근 보배로다
일월이   밝다한들 이내마음 같을손가
삼세제불 역대조사 이내마음 밝혀내어
자성불을 밝게얻어 육도중생 건지시며
사견외도 간탐중생 애욕망에 깊이잠겨
자성진불 배반하니 육도윤회 면할손가
세간탐착 그만하소 아이고   답답설움
그것저것 다버리고 일심으로 염불하세

나무 아미타불5)

화장바다 건너가서 극락세계 들어가니
　華藏

황금누각 지어놓고 칠보못엔 사색연화
　　　　　　　　　　　　　四色蓮花

곳곳에　　피어있고 가지가지 보배나무

칠보당을 둘렀으니 구경하기 더욱좋다

구품련대 염불소리 자자히　　높아있고

청학백학 앵무공작 전후좌우 날아들어

우는소리 염불이요 금은채색 봉황조는

쌍쌍이　　날아들어 우는소리 법문이라

청풍이　　건들부니 화개당번 모든장엄

바람머리 춤을추니 무상락이 이아닌가

극락당중 일회상에 무상락을 서로받고
　　　　　一會相

화장장엄 칠보당에 소요자재 노닐면서

---

5) 아미타불(阿彌陀佛): 아미타(Amitabha)불은 영원한 수명(無量壽; Amitayus)과 무한한
광명(無量光; Amitabha)을 보장해 주는, 즉 시간적이거나 공간적으로 영원한 부처님이
라는 뜻인데 서방 극락정토를 주재하면서 뭇 중생들에게 안락과 수명을 보장해 주는
대자대비의 부처님이다. 이 부처님은 먼 옛날 법장(法藏)스님으로 수행을 하시면서 48
가지의 큰 서원(誓願)을 세워 훌륭한 나라를 실현할 것을 다짐하고 자신과 남들이 함
께 성불하기를 원하여 극락정토를 이룩하신 부처님으로 이 세상의 괴로움 속에서 허덕
이는 어떤 중생이거나 착한 일을 하고 아미타불을 지극 정성으로 부르면 서방 극락의
아름다운 정토(淨土)에 이끌어 주시는 분이다.

선망부모 구현칠족 시방법계 일체중생
　　　　俱現七族
남김없이 건져다가 비로성해 보리도량
　　　　　　　　毘盧城海
태평가를 불러보세 나무아미타불

必无疑迟

定得往生

弥陀名号

一心专念

下至一日七日

但能上尽百年

时节久近

不问罪福多少

一切凡夫

서산휴정(西山休靜, 1520-1604) 대사

　휴정은 법명, 성은 崔씨 完山사람. 자는 玄應 호는 淸虛, 西山. 9,10세에 량친을 잃고 과거에 락방하여 지리산에 들어가 경전을 공부하고는 崇仁에게 출가하다. 21세에 靈觀에게 인가를 받고 萬行하다가, 1589년 정여립의 獄事에 無業의 무고로 체포되었으나 선조가 오히려 상을 내리다. 1592년 의주에서 선조의 명으로 都總攝이 되어 義僧 5천을 인솔하여 왜란에 대처하다. 후에 금강·묘향·두륜산에서 가풍을 선양하다. 묘향산 圓寂庵에 제자들을 모아놓고 설법 뒤에 입적하다.

　저서에 <禪家龜鑑> <三家龜鑑> <淸虛堂集 8권> <禪敎釋> <敎訣> 등이 있다.

회심곡

悔心曲

서산 대사

천지이의 나뉜후에 삼라만상 일어나니
天地 二儀

유정무정 생긴얼굴 친진면목 절묘하다
有情 無情

범부고쳐 성인됨은 오직사람 가장귀해

요순우탕[6] 문무주공[7] 삼강오상[8] 팔조목을
堯舜禹湯   文武周公

태평세에 장엄하니 금수위에 첨화로다
                錦繡

동서남북 간데마다 형제같이 화합하여

천하태평 가감없어 안양국[9]이 거기러니
                安養國

어화인심 황공하다 우리인심 황공하다

---

6) 중국의 고대 성군인 네 임금.
7) 중국 역사상 태평성대로 일컬러지는 주(周)나라의 문왕과 무왕과 주왕.
8) 삼강오상(三綱五常): 삼강(三綱)은 군신(君臣)·부자(父子)·부부(夫婦)의 도(道)로써 "君
   爲臣之綱, 父爲子之綱, 夫爲婦之綱"을 뜻한다. 오상(五常)은 오륜(五倫)·오전(五典)과 같
   은 뜻으로 군신(君臣)·부자(父子)·형제(兄弟)·부부(夫婦)·붕우(朋友) 간의 윤리인데 "父
   子有親, 君臣有義, 夫婦有別, 長幼有序, 朋友有信"으로 표현된다.
9) 극락세계, 정토.

태고천지 내려오고 요순일월 밝았으되
야속할사 말세풍속 충효신행 다버리고
애욕망에 깊이들어 형제투쟁 맞았으니
가련하다 백발부모 의뢰할데 바이없어
문밖에 　　바장이며 흘리나니 눈물이라
골육상잔 저러하니 촌외인을 의론할까
　　　　　　　寸外人

인심이 　　대변하니 천심이 　　발노하여
한재풍재 흉년들어 천집만집 기곤이라
旱災風災
김가박가 사람마다 부모처자 흩어져서
농상천변 남의땅에 여기저기 기사하니
壟上川邊 　　　　　　　　　　饑死
참혹하다 주검이여 다만조객 가마귀세
상천재액 저러하니 불순인은 살피소서
上天災厄 　　　　　不順人
천고청비 자주깨쳐 자기촌심 바로가져
天高聽卑
한편으로 염불하고 한편으로 충효하소
구천이 　　감응하면 요순태평 아니볼까
불법어디 일정하며 요순어디 씨있을까
염불하면 불법이요 충효하면 요순이니

충효하여 입신하고 염불하여 안양가세
　　　　　立身　　　　　　　　　　安養

아미타불 태자시에 염불법문 신앙하고

발원하여 이르시되 내가먼저 염불하여

안양국에 가온후에 귀천남녀 노소없이

나의명호 외우시면 악취[10]중에 아니가고
　　　　　　　　　　　惡趣

극락으로 바로갈줄 사십팔원 세웠으니
　　　　　　　　　　　　　　　　願

세간그물 걸린사람 불국으로 인도하니

비감심을 일으키어 즐겨부디 염불하소
悲感心

금시태평 후시안양 만고복덕 구할진대
　　　　　後時安養

금구소설[11] 위없는법 지성으로 받드소서
金口小說

석가여래 출가시에 유리전상 칠보궁에
　　　　　　　　　　琉璃殿上

청개황개 받치시고 삼천궁녀 시위하니
青蓋黃蓋　　　　　　　　　　　侍衛

천상인간 아무데도 저런복덕 없사오되

헌신같이 버리시고 만첩청산 혼자들어

---

10) 악취(惡趣): 중생이 악업(惡業)의 인(因)으로 말미암아 태어나는 곳. 즉 지옥(地獄) 축
　　생(畜生) 등.
11) 부처님께서 설하신 가르침.

육년고행 염불하여 극락으로 돌아가니
세간영화 떳떳하고 불법진락 없을진대
만승왕위 버리시고 설산고행 저러할까
출격진인 되올진대 염불일성 귀하도다
出格眞人
설산대사 본을보아 출롱학12)이 어서되소
出籠鶴
세간탐심 못버리면 삼악도에 떨어지고
물외사를 좇사오면 안양국에 간다하니
物外事
자주자주 염불하여 불국으로 어서가세
부모효심 바이없고 염불한번 아니하면
무슨복덕 바라보며 장수코자 기다리니
동동하면 다굿인가 앉은뱅이 어찌갈꼬
신심없이 되어가며 공덕없이 얻을진대
신광선사13) 팔베오며 설산동자14) 불에들까

---

12) 새장을 벗어난 학. 자유로운 해탈인의 경지를 일컬음.
13) 선종(禪宗)의 제 2대조인 혜가대사(慧可大師, 487~593)의 아명. 그는 중국 낙양(洛陽)의 무뢰사람으로 이름은 신광(神光)이고 성은 희(姬)였다. 달마대사에게 팔을 끊어 믿음을 바친 후 제자가 되어 훗날 선종(禪宗)의 제 이조(第二祖)가 되었다. 혜가대사는 34년 동안 널리 중생을 제도하다가 552년에 제자 승찬에게 법을 전하고, 107세에 입적하였다.
14) 설산동자(雪山童子): 설산대사(雪山大士)라고도 함. 석가모니불이 과거세에 동자로 있으면서 설산에 들어가 불도를 수행하던 때의 이름. 그 당시 석존은 "제행무상(諸行無常) 시생멸법(是生滅法) 생멸멸이(生滅滅已) 적멸위락(寂滅爲樂)"의 사구게(四句偈)를 듣기 위하여 나찰에게 몸을 주었다 함.

선행닦은 덕을보소 국왕대신 이아니며
염불비방 죄를보소 우마사신 저아닌가
牛馬蛇身

팔만장경 이른뜻과 백천론소 새긴말씀
금한것이 탐욕이요 권한것이 염불이라
이리좋은 인재로서 저리좋은 진묘법을
못듣고는 말려니와 듣고차마 아니할까
정토법문 자주듣고 신심으로 염불하면
극락도사 아미타불 금련으로 데려다가
金蓮

칠보연대 옥호광에15) 무상쾌락 받을적에
玉毫光

천만세를 지내가되 반일같다 하셨으니
인간고초 설운지라 저극락에 어서가세
꿈속같은 우리사람 초로인생 굳게믿어
천방백계 살려하고 무한탐심 일으키니
千方百計

진심악심 상기되어 대면하기 무섭도다
나의용심 모르거든 남을보아 깨치시오
무상살귀 날아들어 사대한신 묶어갈제
無常殺鬼   四大閑身

---

15) 부처님 32상 80종호의 하나. 미간 사이에 빛을 발하는 흰 털로 이루어진 점이 있음.

힘을가져 당적하며 재물가져 인정쓸까
만당처자 무엇하며 우양전지 대신하리
　　　　　　　　　　　　牛羊田地

도산검수[16] 저지옥에 만반고통 받을적에
刀山劍水

지장보살 대원인들 저를어이 구제하며
불더미에 드는나비 제좋으니 어이할까
즐겨죽는 주색에는 귀천없이 탐을내고
낙을받을 염불에는 승속남녀 멀리하니
말세되어 그러한가 지혜인이 아주적다
기한인을 의식주고 빈병인을 구제하며
飢寒人

아당시비 아주끊고 금수보아 미워말면
요순인민 이아니며 보현만행 또있는가
부모님전 나아가서 합장하고 여쭈옵되
인간백발 앞이없어 서산낙일 절박하니
십이시중 주야없이 미타명호 외우소서
간청하는 저효자와 믿고듣는 저부모는
비록말세 나왔으나 관음후신 이아닌가

---

16) 칼로 이루어진 산과 가지가 칼끝처럼 날카로운 나무에 매달려 온갖 고통을 받는 지옥.

여인몸을 받은사람 전생죄악 많사오나
음해사심 다버리고 자비선심 염불하면
마야부인 부러하며 팔세용녀 이아닌가
바사왕의 위부인을[17] 유리태자 아사왕이
韋 夫 人
죽이고자 가두거늘 위부인이 슬피울고
부처님께 간청하니 석가세존 알으시고
영산으로 데려다가 극락으로 보내시고
靈 山
청제부인 살생죄로[18] 무간지옥 들었거늘
출천대효 목련존자 염불하고 건져내며
出 天 大 孝
손경덕[19]이 목베일제 염불하고 면했으니
孫 敬 德
사량분별 다버리고 오직염불 어서하소
광대영통 무량수불 자기신상 명백하여
석가여래 아니나고 달마대사 못왔을제

---

17) 바사왕은 마갈타국의 빈비사라왕. 위부인은 그의 부인인 위제희 부인. 아사세왕의 어머니.

18) <목련경>에 나오는 이야기. 청제부인은 목련존자의 어머니다. 악업을 많이 지어 지옥에 떨어져 고통을 받자 목련존자가 제도한다는 일화다.

19) 동위(東魏) 천평(534~537)년간 손경덕(孫敬德)이 죄인의 협의를 입고 감옥에 갇혔다가 꿈에 노스님이 나타나 구고관음경(救苦觀音經)을 일러주었는데 이 경 1천편을 읽고 죽음에서 벗어났다는 일화. 이로부터 그 경이 몽수경(夢授經) 고왕경(高王經), 구고경(救苦經)이라는 이름으로 널리 퍼졌다.

부와모와 소소하고　　차다덥다 역력하되

탐욕심에 눈어두어　　의내주를 미실하고
　　　　　　　　　　衣內珠　　迷失

업은아이 못얻으며　　갖은점심 배곯으니

반야혜검 급히빼어　　무명황초 베어내고
　　　　　　　　　　無明荒草

아미타불 외우다가　　자기미타 친견하면
　　　　　　　　　　自己彌陀

촌보도　　 옮지않고　　극락세계 가옵나니
寸步

부는바람 요풍이요　　밝은광명 순일이라
　　　　堯風　　　　　　　　　　舜日

연화대에 높이앉아　　조주청다 부어먹고
　　　　　　　　　　趙州淸茶

녹양천변 방초안에　　백우거를 멍에하여
綠楊川邊 芳草岸　　白牛車

등등임운 임운등등　　자재히　 노닐면서

라라리　 리라라　　 태평곡을 부르리라

나무 아미타불　　　　나무 관세음보살

별회심곡

別 回 心 曲

서산 대사

세상천지 만물중에 사람밖에 또있는가
여보시오 시주님네 이내말씀 들어보소
이세상에 나온사람 누구덕에 나왔는가
석가여래 공덕으로 아버님전 뼈를빌고
어머님전 살을빌어 칠성님전 명을빌고
제석[20]님전 복을빌어 이내일신 탄생하니
한두살에 철을몰라 부모은덕 알겠는가
이삼십을 당하여도 부모은공 못다갚고
어이없고 애닯구나 무정세월 물과같아
원수백발 돌아오니 없던망령 절로난다
망령이라 흉을보고 구석구석 웃은모양

---

20) 제석천(帝釋天): 수미산 정상에 있는 도리천(忉利天)의 왕. 사천왕과 32천을 통솔하며
    불법(佛法)을 지키며 아수라의 군대와 싸운다는 임금. 제(帝)는 범어 인드라 (Indra)의
    번역. 석(釋)은 석가(釋迦)의 음역. 한문과 범어를 함께 어우른 이름.

애달프고 설운지고 절통하고 통분하다
할수없다 할수없다 홍안백발 늙어간다
인생의   이법칙을 누가감히 막을손가
춘초는 연년록이나 왕손은   귀불귀라
　　　　　　　　　王孫　　　　歸不歸

우리인생 늙어지면 다시젊지 못하리라
인간백년 다살아도 병든날과 잠든날과
걱정근심 다제하면 단사십도 못살인생
어제오늘 성튼몸이 저녁나절 병이들어
섬섬약질 가는몸에 태산같은 병이드니
부르나니 어머니요 찾는것이 냉수로다
인삼녹용 약을쓰나 약효험이 있을손가
판수불러 경읽은들 경의덕을 입을손가
무녀불러 굿을하나 굿덕인들 입을손가
재미쌀을 쓸고쓸어 명산대천 찾아가서
　齋米

상탕에   메를짓고 중탕에   목욕하고
하탕에   수족씻고 촛대한쌍 벌여놓고
향료향합 불갖추고 소지한장 든연후에
　　　　　　　燒紙

비나이다 비나이다 하늘님전 비나이다
칠성님전 발원하고 신장님전 공양한들
어느성현 알음있어 감응이나 할까보냐
제일전에 진광대왕 제이전에 초강대왕
제삼전에 송제대왕 제사전에 오관대왕
제오전에 염라대왕 제육전에 변성대왕
제칠전에 태산대왕 제팔전에 평등대왕
제구전에 도시대왕 제십전에 전륜대왕
열시왕의 부린사자 일직사자 월직사자
十王
열시왕의 명을받아 한손에는 철봉들고
또한손에 창검들며 쇠사슬을 비껴차고
활등같이 굽은길로 살대같이 달려와서
닫은문을 박차면서 뇌성같이 소리하고
성명삼자 불러내어 어서가자 바삐가자
뉘분부라 거역하며 뉘영이라 지체할까
실날같은 이내목을 팔뚝같은 쇠사슬로
결박하여 끌어내니 혼비백산 나죽겠네
여보시오 사자님네 노자라도 갖고가게

만단개유 애걸한들 어느사자 들을손가
萬端 開諭

애고답답 설운지고 이를어이 하잔말가

불쌍하다 이내일신 인간하직 망극하다

명사십리 해당화야 꽃진다고 설워마라

명년삼월 봄이오면 너는다시 피련마는

우리인생 한번가면 다시오기 어려워라

북망산21) 돌아갈제 어찌갈꼬 심산험로

한정없는 길이로다 언제다시 돌아오랴

이세상을 하직하니 불쌍하고 가련하다

처자의 손을잡고 만단설화 다못하여
萬端 說話

정신차려 살펴보니 약탕관 벌여놓고

지성구호 극진한들 죽을목숨 살릴손가

옛늙은이 말들으니 저승길이 멀다드니

오늘내게 당하여선 대문밖이 저승이라

친구벗이 많다한들 어느누가 동행할까

구사당에 하직하고 신사당에 하배하고
舊祠堂 新祠堂

---

21) 북망산(北邙山): 묘지가 많은 산. 원래는 중국 하남성 낙양의 동북쪽에 위치함, 한대(漢代)이후의 묘지.

대문밖을 썩나서니 적삼내어 손에들고
혼백불러 초혼하니 없던곡성 낭자하다
招魂

일직사자 손을끌고 월직사자 등를밀어
풍우같이 재촉하여 천방지방 몰아갈제
높은데는 낮아지고 얕은데는 높아진다
악의악식 모은재산 먹고가며 쓰고가랴
惡衣惡食

사자님아 사자님아 내말잠깐 들어주오
시장한데 점심하고 신발이나 고쳐신고
쉬어가자 애걸한들 들은체도 아니하고
쇠뭉치로 등을치며 어서가자 바삐가자
이럭저럭 여러날에 저승원문 다달으니
우두나찰 마두나찰 소리치며 달려들어
인정달라 비는구나 인정쓸돈 반푼없다
단배곯아 모은재산 인정한푼 써볼손가
저승으로 옮겨올까 환전붙여 가져올까
의복벗어 인정쓰며 열두대문 들어가니
무섭기도 끝이없고 두렵기도 측량없다

대명하고 기다리니 옥사장이 분부듣고
待命

남녀죄인 등대할제 정신차려 살펴보니
等待

열시왕이 좌개하고 최판관이 문서잡고
座開

남녀죄인 잡아들려 다짐받고 봉초할제

어두귀면 나찰[22]들은 전후좌후 벌려서서
魚頭鬼面

기지창검 삼열한데 형벌기구 차려놓고
森列

대상호령 기다리니 엄숙하기 측량없다

이놈들아 들어보라 선심하랴 발원하고

사람세상 나아가서 무슨선심 하였는가

바른대로 아뢰어라 용봉비간[23] 본을받아
龍逢比干

임금님게 극간하여 나라에   충성하며

부모님께 효도하여 가범을   세웠으며
家範

배고픈이 밥을주어 아사구제 하였는가

헐벗은이 옷을주어 구난공덕 하였는가
救難功德

---

22) 나찰(羅刹)은 일종의 귀신으로 사람을 잡아먹고 살며, 지옥에서는 죄인을 못살게 군
    다. 팔부의 하나로 푸른 눈과 검은 몸, 붉은 머리털을 하고 있다.
23) 용봉은 폭군 걸왕(桀王) 때의 충신. 비간은 은나라 때의 충신으로 모두 왕의 무단정
    치를 비판하고 애민(愛民)을 주장하다가 죽음을 당했다.

좋은곳에 집을지어 행인공덕 하였는가
깊은물에 다리놓아 월천공덕 하였는가
越川
목마른이 물을주어 급수공덕 하였는가
병든사람 약을주어 활인공덕 하였는가
높은산에 불당지어 중생공덕 하였는가
佛堂
좋은밭에 원두심어 행인해갈 하였는가
부처님께 공양들여 마음닦고 선심하여
염불공덕 하였는가
어진사람 모해하고 불의행사 많이하여
탐재함이 극심하니 너의죄목 어찌하리
貪財
죄악이   심중하니 풍도옥에 가두리라
酆都獄
착한사람 불러들어 위로하고 대접하며
못쓸놈들 구경하라 이사람은 선심으로
극락세계 가올지니 이아니   좋을손가
소원대로 물을적에 네원대로 하여주마
극락세계 가려느냐 연화대로 가려느냐
선경으로 가려느냐 장생불사 하려느냐

서왕모의 사환되어 반도소임 하려느냐
西王母 蟠桃所任
네소원을 아뢰어라 옥제에게 주품하사
남중절색 되어나서 요지연에 가려느냐
瑤池宴
백만군중 도독되어 장수몸이 되겠느냐
都督
어서바삐 아뢰어라 옥제전에 주문하며
奏問
석가여래 아미타불 제도하게 이문하자
移文
산신불러 의론하며 어서바삐 시행하자
저런사람 선심으로 귀히되어 가나니라
대웅전에 초대하여 다과올려 대접하며
못쓸놈들 잡아내어 착한사람 구경하라
너희놈들 죄중하니 풍도옥에 가두리라
남자죄인 처결한후 여자죄인 잡아들여
엄형국문 하는말이 너의죄목 들어봐라
시부모와 친부모께 지성효도 하였느냐
동생항렬 우애하며 친척화목 하였느냐
괴악하고 간특한년 부모말씀 거역하고
동기간에 이간하고 형제불목 하게하며

세상간악 다부리며 열두시로 마음변화
못듣는데 욕을하고 마주앉아 웃음낙담
군말하고 성내는년 남의말을 일삼는년
시기하기 좋아한년 풍도옥에 가두리라
죄목을　　물은후에 온갖형벌 하는구나
죄의경중 가리어서 차례대로 처결할제
도산지옥 화산지옥 한빙지옥 발설지옥
아침지옥 거해지옥 각처지옥 분부하여
　牙針　　　鋸解
모든죄인 처결한후 큰잔치를 베푸옵고
착한여자 불러들어 공경하며 하는말이
소원대로 다일러라 선녀되어 가려느냐
요지연에 가려느냐 남자되어 가려느냐
재상부인 되려느냐 제실왕후 되려느냐
제후왕비 되려느냐 부귀공명 하려느냐
네원대로 하여주마 소회대로 다일러라
　　　　　　　所懷
선녀불러 분부하여 극락으로 가게하니
그아니　　좋을손가
선심하고 마음닦아 불의행사 하지마소

회심곡을 업신여겨 선심공덕 아니하면
우마형상 못면하고 구렁배암 못면하네
조심하여 수신하라 수신제가 능히하면
修身齊家
치국안민 하오리니 아무쪼록 힘을쓰오
덕쌓기를 아니하면 신후사가 참혹하네
身後事
바라나니 우리형제 자선사업 많이하여
내생길을 잘닦아서 극락으로 나아가세
나무   아미타불 관세음보살

사명대사(泗溟大師)

　유정(惟政, 1544~1610년) 조선 중기의 고승, 승장(僧將)이다. 속성은 임(任), 속명은 응규(應奎), 자는 이환(離幻), 호는 송운(松雲), 당호는 사명당(泗溟堂), 별호는 종봉(鍾峯), 본관은 풍천이며, 시호는 자통홍제존자(慈通弘濟尊者)이다. 법명인 유정보다 당호인 사명당(泗溟堂)으로 더 유명하고, 존경의 뜻을 담아 사명대사(泗溟大師)라고도 부른다.

교몽가
覺夢歌

사명 대사

인생천지 이세간이 바닷속의 좁쌀이라
부유같은 우리인생 조불모석 세도로다
　　　　　　　　　 朝不謀夕
야래풍우 정급되어 화락다소 염려로다
夜來風雨　正急
한단침에 꿈깨나니 장주인가 나비인가
邯鄲枕　　　　　 莊周
공왕불　 미출세에 삼계대몽 꿈을이뤄
空王佛
깜짝놀라 일어나니 가을밤　 둥근달이
중천에　 밝았더라 달빛은　 괴괴하고
만산은　 적적한데 무현금　 높이타니
이소식　 누가알리 삼독주에 대취되어
　　　　　　　　　 三毒酒
무명장야 잠이깊어 꿈을길이 꾸노라고
구경할줄 모르오니 이아니　 불쌍한가
방편으로 수행하여 나먼저　 성불한후

- 39 -

중생제도 하여보세

태고라　　넓은천지　한칸토굴　삼아두니

자심성은　광명일월　비할손가　사해물은

깊고넓어　부증불감　하옵시니　정혜수
　　　　　　　　　　　　　　　　定慧水

이아니며　인아업산　깊은곳에　수미산
　　　　　人我業山

높고묘해　원각도량　이아니며　송백은

불변하여　사시장춘　하였으니　상주설법

이아닌가　청산은　　청청하고　백운은

무심한데　적적한　　산수간에　무심히

홀로앉아　허공마를　비껴타고　반야혜검
　　　　　虛空馬

높이던져　법성사를　찾아들어　주인공
　　　　　法性寺

벗을삼아　행주좌와　어묵동정　소요자재

수용하니　각수담화　만발한데　영위에서
　　　　　　　　　　　　　　　嶺

우는새는　관음조가　이아니며　녹수는

잔잔하니 조주청다[24] 이아닌가 이어떤
趙州淸茶

경계런고 라라리   라리로다 태평가를

길이부세 두견새   울음소리 종일무심

종야무심 무심객이 되었구나 심산에

인적없고 다만래자 오작이라 낮에는
來者

해가오고 밤에는   달이오니 비록적막

공산이나 밤낮벗이 따르누나 때때마다

염불로서 무공적을 비껴불고 주장자를

의지하여 타성일편 이루오니 적멸락이
打成一片

현전일세

틈있을적 영두암상 배회하며 달을보니
嶺頭岩上

무심구름 출수하고 흐르는물 여울진다
出岫

봄이오면 꽂을보고 겨울되면 눈을보니

---

24) 조주스님처럼 깨달은 자의 무심을 나타내는 선(禪) 공안의 하나. 흔히 끽다거(喫茶去)
라는 말로 불리며, 문자로 풀어보면 '차 한잔 마시라'는 뜻. 중국의 선승 조주선사는
수행자가 찾아오면 언제나 다음과 같이 물었다. "혹 여기 와 본 적이 있는가?" "아니,
없습니다." "그래, 그러면 차 한 잔 마시게." 또 한 수행승이 찾아왔다. "혹 여기 와
본 적이 있는가?" "네, 전에 한번 와 본 적이 있습니다." "아 그래, 그러면 차 한 잔
마시게." 와 본적이 있어도 '차 한 잔', 와 본적이 없어도 '차 한 잔'이었다. 이 쯤 되
자 조주선사의 '끽다거'는 일약 유명한 화두가 되었다.

대장부　　살림살이　다시무엇　구하리오
자수법락　무위진락　저버린자　누구런고
　　自受法樂
생사장야　잠든사람　오욕락에　침륜하여
　　　　　　　　　　　　　　　沈淪
무량고를　받지말고　자타수용　하여보세
자승자박　불쌍하다　방편돛대　손에잡고
생사바다　넓은물에　반야용선　노를저어
그바다를　얼른건너　함께어서　극락가세

發菩提心。一向專念。
阿彌陀佛。修諸功德。
願生彼國。此等眾生。
臨壽終時。阿彌陀佛。
與諸聖眾。現在其前。
經須臾間。即隨彼佛
往生其國。

恭錄自《佛說大乘無量壽莊嚴清淨平等覺經》

경협(璟協) 스님

현대의 스님. 1969년 12월 동국대 불교대학에서 조사하고 문화재관리국에서 펴낸 「화청(和請)」(무형문화재 조사보고서 제65호)에 의하면 선바위 미타사의 스님이라고 한다. 스님은 범패에 능해 자유롭게 가사를 지어 불렀다고 한다.

염불가

念 佛 歌

경협 스님

시방삼세 부처중에 아미타불 제일이요
무량무변 세계중에 극락세계 제일이요
팔만사천 법문중에 정토법문 제일이요
팔십억겁 생사중죄 일념중에 소멸되고
팔십억겁 스승공덕 일념중에 성취된다
자재천상 마하궁은 고성염불 부서진다
염라대왕 명부에는 십념이면 삭제된다
석가여래 세존께서 칭찬정토 하옵시고
육방세계 제불께서 찬탄미타 하셨도다
관음보살 대명의도 이마위에 모시었고
大 名 醫
마명용수 대보살도 발아래서 절하셨다
고해중에 빠진중생 건져주는 도사시라
화택중에 있는우리 살려주는 자부시라

무명암야 어둔밤에 광명주는 법등이라
생사고해 넓은바다 건너주는 용선이라
사십팔원 원력장엄 극락세계 빛나도다
삼십이상 복혜구족 아미타불 장엄있어
황금월서 광명화불 오십오위 권속이라
　　月西
삼십육만 아미타불 아무쪼록 염불이라
백옥명호 상승보살 천고만고 희유터라
칠보장엄 연못에는 팔공덕수 가득찼네
칠중난순 누각에는 구품련대 층계로다
백학공작 앵무새는 오근오력 염불한다
가릉빈가25) 공명조26)는 일심으로 염불이라
수기심정 이불토는 유심정토 염불이요
시심장불 마음불이 자성미타 염불이라
염불위보 염불인은 염불모셔 극락가세
　　念佛爲寶
고성염불 무성염불 모두다　극락가네
산심염불 하더라도 말세작불 틀림없네
　　散心

---

25) 가릉빈가(迦陵頻伽): 극락조
26) 공명조(共命鳥): 머리가 둘인 새.

양씨녀는 염불하여 어둔눈도 밝아지고
풍부인은 염불하여 앓던병도 나았도다
문관은   임종시에 이향만리 하여있고
장정은   임종시에 천락영공 하였도다
담난선사 극락갈때 황룡이   배를젓고
선도대사 극락갈때 옥연이   날아왔네
혜원선사 동림에서 백련결사 염불하고
발징화상 만일회에 삼십일인 등공하고
직신성불 일승묘법 백천만겁 난조우라
청제부인 살생죄도 칠월백중 극락가고
파계비구 응준이도 일념회심 극락가고
소를잡던 장선화도 십념염불 극락가고
사종정토 크게닦아 십륙관문 넓혀보세
삼도팔난 고통중생 동인미타 대원바다
오탁악세[27] 독유백년 아미타경 이아닌가

___

27) 오탁악세(五濁惡世): 다섯 가지 더러움으로 가득한 혼탁한 세상. 속칭 말세를 일컫는
   말. 1) 명탁(命濁: 사람의 목숨이 짧아서 100년을 채우기 어려움) 2) 중생탁(衆生濁:
   중생의 죄업이 두터워 올바른 도리를 알지 못함) 3) 번뇌탁(煩惱濁: 애욕을 탐하여 마
   음을 어지럽히고 여러 가지 죄를 범함) 4) 견탁(見濁: 말법시대에 이르러 나쁜 견해,
   나쁜 교법이 무성하여 선(善)을 닦는 사람이 없고 세상이 어지러워짐) 5) 겁탁(劫濁:
   기근과 괴질과 전쟁 등이 연달아 일어남.

염종염불 현저함은 우리들의 소원이요
가고저라 가고저라 극락세계 가고저라
보고저라 보고저라 삼일수심 천재보되

三 日 修 心　　千 載 寶

백년탐물 쓸데없다 애지중지 하던이몸
몇날며칠 보존하리 눈한번　　감고나면
가족친지 쓸데없다 만첩청산 들어가니
흐르나니 노수로다 이욕염왕 인옥쇠요
정행타불 접인대라 오직염불 제일이다
지성으로 염불하세 피안사심 없건마는
무연중생 어찌하리 어화우리 벗님네야
노는입에 염불하세

백발가

白 髮 歌

작자 미상

슬프고　　슬프도다 어찌하여 슬프던고
이세월이 견고한줄 태산같이 바랐더니
백년세월 못다가서 백발되니 슬프도다
어화청춘 소년들아 백발노인 웃지마오
덧없이　　가는세월 낸들아니 늙을소냐
저근듯　　늙는것이 한심하고 슬프도다
노문없이 오는백발 귀밑에　　막을치고
　路 文
청좌없이 오는백발 털끝마다 점을찍네
　請 坐

이리저리 하여본들 오는백발 막을소냐
위풍으로 제어하면 겁을내어 아니올까
근력으로 쫓아보면 무안하여 아니올까
욕을하여 거절하면 노염띠어 아니올까
드는칼로 냅다치면 혼이나서 아니올까

휘장으로 가리오면 보지못해 아니올까

소진장의[28] 구변으로 달래보면 아니올까
蘇秦張儀

석숭[29]이의 억만재로 인정쓰면 아니올까
石崇

좋은술을 많이빚어 권하오면 아니올까

만반진수 차려놓고 빌어보면 아니올까

할수없는 저백발은 사람마다 다겪는다

인생부득 항소년은 풍월중에 명담이라
人生不得　恒少年

삼천갑자 동방삭은 전생후생 처음듣네

팔백년을 사는팽조 예나지금 또있는가

부운같은 이세상에 이슬같은 우리인생

물위에뜬 거품이요 위수에　부평이라

칠팔십을 살더라도 일장춘몽 꿈이로다

이내몸은 늙어지면 다시젊기 어렵도다

---

28) 소진장의(蘇秦張儀): 매우 말 잘하는 사람을 가르키는 고사성어. 소진과 장의는 춘추
전국시대가 끝날 무렵 활약하는 인물들인데, 『사기열전』 <소진>, <장의> 편에서 유
래를 찾아 볼 수 있다. 소진은 합종(合從)책을, 장의는 연횡(連衡)책을 주장했다.

29) 석숭(石崇, 249~300년)은 중국 서진의 문인으로, 석포의 막내아들이며, 자는 계륜(季
倫), 아명은 제노(齊奴)이며 청주(青州) 발해군(渤海郡) 남피현(南皮縣) 사람이다. 석숭
은 관직을 이용해 향료 무역 등을 독점하여 큰 부자가 되었는데, 백여명의 처첩(妻妾)
을 거느렸으며, 집안의 하인도 8백여명이나 되었다고 한다. 그래서 중국은 물론 한국
등 동아시아 지역에서 오랜 기간 동안 부자의 대명사처럼 여겨졌다. 중국에서 석숭은
복(福), 녹(祿), 수(壽)의 삼선(三仙)의 가운데 녹(祿)을 상징하는 인물로 숭앙되었다.

창힐이   글자낼때 가증하다 늙을노자老

진 황   분서시에 타지않고 남아있어
의미없고 사정없이 세상사람 늙히는고
늙기도   설은중에 모양조차 늙어지네
꽃같이   곱던얼굴 검버섯은 웬일이며
옥같이   희던살결 광대등걸 되었구나
삼단같이 길던머리 불한당의 처같으며
볼다귀에 있던살은 마고할미麻姑 꾸어갔네

샛별같이 밝던눈이 반장님半이 되었으며

거울같이 밝은귀가 절벽강산 되어가네
밥먹을때 볼작시면 아래턱이 코를차고
정강이를 걷고보면 수양버들 늘어졌네
무슨설움 쌓였는지 눈물조차 흘러지고
추위한기 들었는지 콧물조차 흐르도다
떡가루를 치려는지 쳇머리는 무삼일고
지팡이를 짚었으니 등짐장사 하였는가
말없이   앉았으니 부처님이 되었는가

정신이　　혼미하니 총명인들 있을소냐
남의말을 참례할때 동문서답 답답하고
집안일을 분별할때 딴전하기 일쑤로다
그중에도 먹으려고 비육불포 노래하며
　　　　　　　　　非肉不飽
그중에도 입으려고 비백불난 말이많네
　　　　　　　　　非帛不煖
누가주어 늙었는지 자질보면 떼만쓰고
　　　　　　　　　子姪
소년보면 자세하며 걸핏하면 성만내고
예삿말을 하건만은 걸핏하면 설워하며
육십육갑 꼽아보니 덧없이도 돌아가고
사시절을 살펴보니 빠르게도 돌아간다
늙을수록 분한말은 정할수가 바이없네
편작이를 데려다가 늙는병을 고쳐볼까
염라왕께 간청하여 늙지말게 하여볼까
밤낮으로 생각하나 늙지않는 재주없고
억만번　 다시생각 늙지말게 할수없네
어화답답 설운지고 또한말을 들어보소
꽃이라도 늙어지면 오던나비 돌아가고

나무라도 병이들면 눈먼새도 아니오고
비단옷도 해어지면 물걸레로 돌아가고
좋은음식 쉬어지면 수채구렁 찾아가네
세상사를 굽어보니 만사도시 꿈속이라
어젯날 청춘적에 없던벗이 찾아와서
주란화각 높은집에 화조월석 모여앉아
朱欄 畫閣
술맛도 아름답고 안주도 찬란하다
백옥반 교자상에 차례로 늘어앉아
잡거니 권하거니 몇순배가 돌아오나
패가자제 난봉축과 화류심방 무뢰배가
敗家子第
좋은일을 하는듯이 날마다 모이면서
경가파산 하고라도 휘주잡귀 오입하며
傾家破産
이렇듯이 세월보내 매일장취 오랠런가
봉제사가 꿈밖이라 빈궁친척 구제하며
奉祭祀
처자권속 생각할까 집안이라 돌아보니
저녁거리 간데없네 사당문을 열고보면
향로조차 간데없고 신주볼을 볼작시면
神主

삼년묵은 먼지로다 딴방이라 들어가니
늙은아내 몽당치마 어린자식 발을벗고
밥달라고 우짖으니 금수가 아니거든
차마어찌 모양보리 어화청춘 소년들아
또한말을 들어보소 가련할사 모든사람
잠잘줄도 모르고서 풍우한서 가리잖고
눈코를 모두막고 자고새면 하는일이
남속이기 일삼으니 태어날적 생긴성품
저절로 그르치네 농사는 근본이라
천하에 대리건만 불의행사 뜻을두어
大利

놀고먹고 입으려고 광언망설 지어내어
혹세무민 일삼는다 묵은탐심 일워다가
이욕에만 골몰하며 오륜삼강 몰라보고
利慾

밤낮없이 죄만짓네 백발되어 뉘우친들
후회막급 어찌할까 이세월이 견고할줄
허랑방탕 노닐다가 늙는줄도 몰랐구나
안수정등 잠깐이니 젊었을때 고행하소
岸樹 井藤　　　　　　　　　苦行

애고답답 설운지고 늙기설워 어찌하리
밤낮마주 대한권속 부운같이 헤어지고
죽자사자 하던친구 유수같이 흩어져서
저절로   홀로되니 허허탄식 뿐이로다
부럽도다 소년들아 젊었을때 덕을닦소
빈객삼천 맹상군도 죽어지면 자취없고
백자천손 곽분양도 죽어지면 허사로다
百子千孫
영웅인들 늙지않고 호걸인들 죽잖을까
영웅도   자랑말고 호걸도   말을마소
만고영웅 진시황도 여산추초 잠들었고
　　　　　　　　　 驪山秋草
천하명장 초패왕도 오강월야 흔적없고
　　　　　　　　　 烏江月夜
구선하던 한무제도 분수추풍 한탄이라
求仙　　　　　　　 汾水秋風
천하명의 편작이도 죽어지기 못면하고
만고일부 석숭이도 할수없이 돌아가니
萬古一富
억조창생 만민들아 이내일신 젊었을때
선심공덕 어서하소 일사일생 공한것을
어찌하여 면할손가 가련하고 한심하다

오는일을 어찌하리 백발이 　재촉하니
갈길을 　생각하소 아마도 　이세상에
선심하고 돌아가소 남에게도 인심얻고
친척에게 화목하소 인간칠십 살지라도
지은공덕 바이없어 좋은일이 얼마런고
속절없이 지내다가 황천에 　돌아간들
무엇가져 저항하리 그렁저렁 지내다가
세월을 　몰랐구나 북창청풍 명월아래
다된백발 어이하리 어젯날 　청춘몸이
오늘날 　수족없이 한구석에 앉았으니
누가그리 알아줄까 생각하고 생각하니
절통하고 원통하다 이한몸이 돌아가면
다시오기 어렵도다 집을잃고 돌아간들
어디가서 의지하리 다시금 　생각하니
청춘시절 뉘우친다 천만년을 살줄알고
걱정없이 지내다가 오늘날 　생각하니
세상일이 가소롭다 세간오욕 탐착말고
五 慾
선심공덕 어서하소 이말저말 도시말고

후생노자 장만한후 극락세계 들어가서
後 生 路 資
구품연지 구경하세 이세월을 허송타가
九 品 蓮 池
서산락일 다된후에 무간지옥 나타나면
西 山 落 日
후회막급 쓸데없네 처자권속 쓸데없고
친구벗도 쓸데없고 구산같은 금은옥백
丘 山

이지경에 쓸데없네 인생일세 탄생하여
지은공덕 바이없이 부귀공명 바라오며
자손영달 희망할까 금세부귀 하는이는
선세적덕 그아닌가 악한죄를 짓지말고
마음닦아 선심하여 극락세계 들어가세
저세계를 들어가면 청춘백발 도시없고
생로병사 끊어지며 장생불사 하신다니
어서가세 어서가세 극락세계 어서가세
나무아미타불

몽환가
夢 幻 歌

작자 미상

몽환일세 몽환일세 세상만사 몽환일세

천상락이 좋다하되 삼계가　　화택이니

그도역시 몽환이요 인간세상 전륜왕이
　　　　　　　　　　　　　　　轉 輪 王

만선복덕 제일이나 생로병사 못면하니

그도역시 몽환이요 역대왕후 고금호걸

당시에는 자재하나 우비고뇌 못면하여

죽어지면 허사되니 그도역시 몽환이요

나의권속 지중하여 생전에는 보배이나

임종시에 이별하니 그도역시 몽환이요

출장입상[30] 부귀인이 위엄형세 웅장하나
出 將 入 相

임종시에 속수무책 그도역시 몽환이요

진보복장 칠보영락 인간에　　대보로되

---

30) 명신(名臣)을 가리키는 말. 전쟁터에 나가면 장수요 정부에 들어가면 재상이 될 수
　　있는 훌륭한 신하.

죽게되면 벗겨지니 그도역시 몽환이요
문장명필 백종기예 제일이라 자랑해도
임종에   쓸데없고 만반고통 뿐일지니
그도아니 몽환인가 여보세상 사람들아
사대가   강강하고 육근이   견고할때
몽환세간 간탐말고 일체세간 천만사가
몽환일줄 꼭믿어서 몽환삼매 놓지말고
아미타불 대성호를 일념중에 잃지말고
십이시중 밤낮없이 부지런히 염불하여
저극락에 어서가세 우리세존 대법왕이
백천방편 베풀으사 화택중생 제도할때
금구소설 이른말씀 백천만억 국토중에
극락이라 하는세계 서쪽편에 있사오되
시방세계 염불중생 임명종시 당하오면
아미타불 대성존이 그중생을 데려다가
연화대에 탄생하니 신색광명 진금이요
대인상호 구족하며 칠보궁전 묘화의식
생각대로 절로생겨 임의자재 수용하고

생로병사 괴론것과 온갖근심 모두없고
수량이   무궁하여 무상쾌락 받사오되
다시생사 아니받고 아미타불 수기[31]얻어
무상보리 증득하고 지혜신통 자재하며
선근공덕 만족하여 보살도를 성취하니
대각세존 이아닌가 아미타불 대성존이
사십팔원 세워다가 일체중생 제도하여
연화대로 인도할때 반야선을 크게모아
노자없고 배삯없는 애욕해에 빠진중생
반야선에 태워다가 생사대해 건너갈때
아미타불 선주되고 관음세지 키를잡고
사십팔원 노를저어 안양국에 들어가니
황금으로 땅이되고 백은으로 성이되어
칠중난순 둘러있고 칠중그물 덮여있어
부는바람 요풍이요 밝은광명 순일이라
금은유리 칠보로써 곳곳에   충만하고
백천풍악 진동하니 소리마다 염불이요

---

31) 수기(授記): 부처님이 발심한 중생에 대하여 당래에 반드시 성불할 것이라는 기별을
   수여하는 것.

팔공덕수[32] 연화못에 오색련화 피었거든
낱낱이   광명이요 색색이   찬란일세
여보세상 사람들아 생사길고 어둔밤에
잡된꿈만 꾸지말고 대몽을   어서깨어
노는입에 염불하되 행주좌와 어묵동정
일체시   일체처에 아미타불 놓지말고
일구월심 공부하면 이극락에 아니갈까
오래도록 하노라면 허다망상 없어지고
염불삼매 성취하여 십악업을 소멸하고
십만억토 극락세계 자심중에 나타나며
          自心
만덕존상 아미타불 방촌중에 뵈올지라
          方寸
마음밖에 극락없고 극락밖에 마음없어
내마음이 아미타요 아미타가 자성일세
나의일념 진실하면 왕생극락 하는날에
아미타불 아니올까 인생일세 덧없기에
부귀영화 좋아한들 일장춘몽 다름없고

---

32) 팔공덕수(八功德水): 여덟 가지의 공덕을 갖추고 있는 물. 극락에 있는 못에 가득 차
   있으며, 징정(澄淨), 청랭(淸冷), 감미(甘美), 경연(輕軟), 윤택(潤澤), 안화(安和), 제기
   갈(除饑渴), 장양제근(長養諸根)의 여덟 가지 공덕이 있다고 한다.

인간칠심 오래던가 아침이슬 다름없네
견고한것 무엇인가 진실한것 별로없네
허다망상 다버리고 부지런히 염불하여
극락정토 어서가세 오탁악세 나온중생
과거죄업 지은대로 삼악도에 돌고돌아
무량고를 받삽나니 우리세존 대법왕이
그중생들 불쌍하여 참회문을 열어놓아
노소남녀 할것없이 발원참회 하게되면
무량죄업 소멸하고 자성미타 친견할줄
고구정녕 일렀건만 그말씀은 아니듣고
도리어   냉소하며 죄업짓는 저중생이
그아니   불쌍한가 불에드는 저나비와
고치짓는 저누에는 불보살의 대원인들
무슨도리 있겠는가 업보인과 지은대로
무간지옥 떨어지면 나올기약 망연하네
일념지성 참회하여 극락발원 세워다가
시시때때 명심하여 노는입에 염불하소
극락가기 발원하면 염라대왕 문서중에

내명호를 가려내고 나의수행 하는데로
연화점점 자라다가 안광락지[33] 하는날에
眼 光 落 地

그연화에 탄생하니 그아니   기쁠손가
애욕심에 사로잡혀 만당처자 애착하고
금은옥백 탐을낸들 명마치고 돌아갈때
어느처자 대신가며 금은가져 노자할까
생사광야 험한길에 나의고혼 홀로가되
사자한쌍 동행되어 번개같이 몰아가네
선근공덕 없사오면 삼악도   험한구렁
화살같이 들어가니 남염부제 나는사람
결정신심 전혀없어 아침나절 믿다가도
저녁나절 뿌리치니 무슨효험 있을손가
염불믿어 듣잖을때 연화대에 새긴이름
저절로   없어지고 연화점점 말라져서
악도중생 도로되니 그아니   원통한가
또다시   어떤사람 평시에는 염불하다
병이들면 아주잊고 아픈것만 생각하고

---

33) 안광낙지(眼光落地): 눈빛이 땅에 떨어질 때, 곧 죽음을 맞이할 때.

살기로만 바라다가 생로병사 빠른길에
삼백육십 골절마다 무상살귀 날아들어
바람칼로 에워낼때 황황하여 손발젓고
호흡사이 죽는인생 맑은정신 벌써날아
명도귀계 던진후에 임종염불 하여준들
무슨효험 있겠는가 도적간뒤 문닫으니
무엇을 잡을손가 여보세상 사람들아
우리세존 대법왕이 일체중생 제도코자
대법고를 크게치고 삼계옥문 열어놓고
갇힌중생 벗어나라 대비방편 일러준들
문을벗어 아니나면 그중생은 할수없네
생전약간 염불타가 악한업을 못이겨서
업을따라 떨어지니 평생적덕 소용없네
생전에 염불하여 임명종시 쓰갯더니
바른생각 망실하고 악한업을 좇아가니
염불공덕 쓸데없네 만일병이 들거들랑
생사무상 가끔깨쳐 이내몸이 허환하여
괴로움이 무량하니 연화대로 탄생키를

일념으로 기다리며 일심으로 염불하소
만일병이 중하여도 귀신에게 빌지마소
수명장단 정한것을 적은귀신 어찌할까
장병있던 풍부인은 염불하고 병나으며
눈어둡던 양씨녀는 염불하고 눈떴으니
나의정성 지극하면 이런효험 아니볼까
염불비방 하는사람 전세적덕 하온고로
　　　　　　　　　　前世積德
금시부귀 받거니와 금생비방 하온죄는
후세결정 받느니라 염불비방 부디마소
선성비구 시자되어 이십년을 시불타가
　　　　　　　　　　　　　　侍佛
생함지옥34) 하였으니 그아니 무서운가
자고이래 살피건대 승속남녀 존비귀천
내지죄악 범부라도 지성으로 염불하면
아니갈이 뉘있으리 만고호걸 남자들이
장생불사 하쟀더니 어젯날 성튼사람
오늘황천 무덤이라 그무엇이 오랠런가
여보세상 사람들아 잠을깨소 잠을깨소

---

34) 생함지옥(生陷地獄): 지은 악업이 너무 무거워 산 채로 지옥에 빠짐.

생사긴밤 잠을깨소 조개라도 잠을자면
천년만에 깨건마는 언제부터 자는잠을
몇부처님 나오도록 어찌그리 아니깨오
이제라도 잠을깨어 몽환세계 탐착말고
시시때때 염불하여 저극락에 어서가세
그세계에 들어가면 삼계화택 잃은집을
여래실에 얻어들고 삼악도중 잃은옷을
인욕의로 바꿔입고 육도35)순환 없던자리
　忍辱衣
법공좌에 얻어앉고 환망진구 모든때를
팔공덕수 목욕하고 탐진번뇌 더운땀을
보수아래 식히옵고 몽환불과 증득후에
　寶樹
몽환비지 운전하여 몽환중생 제도하고
　悲智
법성토 　넓은땅에 등등임운 노닐면서
무생곡을 불러보세
나무 　　아미타불 관세음보살

---

35) 육도(六道): 육취(六趣)와 같음. 중생이 업의 원인(業因)에 따라 필연적으로 윤회하는 여섯 세계. ① 지옥(地獄) ② 아귀(餓鬼) ③ 축생(畜生) ④ 아수라(阿修羅) ⑤ 인간(人間) ⑥ 천상(天上).

권왕가

勸往歌

작자 미상

오호라　슬프도다 삼계가　화택이요
　　　　　　　　　　　　　火宅

사생[36]이　고해로다 어이하여 그러한고

천상에　나는사람 칠보궁전 수신하고
　　　　　　　　　　　　　隨 身

의식이　자족하여 쾌락이　무량하다

그복이　다하오면 오쇠고[37]가 나타나서
　　　　　　　　五 衰 苦

삼도윤회 못면하니 그도아니 화택인가

인간세상 전륜왕은 이만부인 일만대신

일천태자 시위하고 칠보가　구족하여

사천하를 거느리고 위덕이　자재하나

---

36) 사생(四生): 생물의 네 가지 종별. 태어나는 방법에 따라 생명의 형태를 분류한 것. 알로 태어나는 것, 습기에 의해 태어나는 것, 화학적 또는 변화하여 태어나는 것의 네 가지. 곧 사람과 같은 태생(胎生). 새와 같은 난생(卵生), 개구리와 같은 습생(濕生), 나비와 같은 화생(化生)의 총칭.

37) 천인의 복덕이 다하여 죽으려 할 때 다섯 가지 형태로 나타나는 쇠퇴상. <열반경>에 따르면, 옷에 때가 묻고, 머리의 화관이 시들며, 몸에서 나쁜 냄새가 나며, 겨드랑이에서 땀이 나고, 자신의 주처가 즐겁지 않다.

그복이　　　다하오면　업보를　　못면하여
괴론땅에　떨어지니　그도아니　화택인가
천상인간　제일복도　오히려　　저렇거든
볼품없는　사서인의　빈궁고독　무량고를
　　　　　士庶人

만사만생　하는고통　무량겁을　지내가니
놀랍고도　두렵도다　이러한　　화택중에
어찌하여　벗어날꼬　우리세존　대법왕이
백천방편　베풀으사　불속제자　구원할때
가르침에　이른말씀　십만억토　서편쪽에
극락이라　하는세계　황금으로　땅이되고
백천보배　간착하여　산천강해　아주없고
　　　　　間錯

평탄광박　엄려하여　밝은광명　영철함이
平坦廣博　嚴麗

천억일월　화합한듯　곳곳이　　보배나무
칠중으로　둘렀으되　어떤나무　순금이요
어떤나무　순은이며　또다시　　어떤나무
황금으로　뿌리되고　백은으로　줄기되며
유리로　　가시뻗고　진주잎이　번성커든

자거꽃이 만발하여 마니과실 열렸으며
또다시   어떤나무 뿌리줄기 황금이요
꽃과잎은 백은이며 가지가지 보배나무
금은유리 칠보로서 서로서로 섞었는데
칠중난순 둘러있고 칠중그물 덮였으되
더함없는 보배로다 오백억천 묘화궁전
나뭇가지 사이마다 아래위로 벌려있고
오백억천 동자들이 그궁전에 유희하되
광명있는 마니주로 화만영락 장엄일세
팔종청풍 건듯불어 보수보망 나는소리
樹寶補網
미묘하고 청결하여 백천풍악 진동하니
그 소리 듣는자는 탐진번뇌 소멸하고
염불심이 절로나며 또다시   그나라에
백보색조 있아오되 백학이며 공작이며
白寶色鳥
가릉빈가 공명조라 주야육시 우는소리
共鳴鳥
화아하고 미묘하여 무상법을 연설커든
和雅
듣는자가 감동하여 염불심이 절로솟고

또다시　　　그국토에　가지가지　하늘꽃을
주야육시　내리거든　중생들이　그꽃으로
시방세계　제불전에　두루가서　공양하고
　　　　　諸佛前
순식간에　돌아오며　죄보여인　실로없네
칠보로　　　생긴못에　팔공덕수　충만하고
사색연화　피었거던　시방세계　염불중생
四色蓮花
임명종시　당하오면　아미타불　대성존이
그중생을　데려다가　연화중에　화생하니
신색이　　　진금이요　대인상호　구족하여
칠보궁전　상묘의식　생각좇아　절로생겨
　　　　　上妙衣食
임의자재　수용하며　수명또한　무궁하되
생로병사　우비고뇌　삼고팔고　도시없고
　　　　　憂悲苦惱　三苦八苦
불생불멸　불기불포　무량쾌락　받으오며
　　　　　不飢不飽
다시생사　아니받고　미타성존　수기입어
　　　　　　　　　　　　　授記
무생법을　증득하며　지혜신통　자재하고
공덕선근　만족하여　보살도를　성취하며

상선인이 취회하여 과거본행 의논할때
上善人   聚會

나는과거 본행시[38]에 염불삼매 성취하며
本行時

대승경전 독송하고 이극락에 나왔노라

나는과거 본행시에 삼보전에 공양하고

국왕부모 충효하며 빈병걸인 보시하고

이극락에 나왔노라 나는과거 본행시에

욕되는일 능히참고 지혜를   수습하여

공경하고 하심하며 일체사람 권화하여
        下心   勸化

염불시킨 공덕으로 이극락에 나왔노라

나는과거 본행시에 탑사를   이룩하고

불도량을 소제하며 죽는목숨 살려주고

청정계행 수지하여 삼귀오계 팔관재와

십선업을 수행하고 이극락에 나왔노라

나는과거 본행시에 십재일에 목욕하고

재일성호 염송하며 비밀진언 지송하고
齋日聖號

이극락에 나왔노라 나는과거 본행시에

---

38) 석가모니부처님이 보살로서 수행하던 과거세.

우물파서 보시하며 험한도로 고쳐짓고
무거운짐 대신지며 새벽마다 서향하여
사성존께 예배하고 이극락에 나왔노라
나는과거 본행시에 평원광야 정자세워
왕래인을 쉬게하며 유월염천 더운때에
참외심어 보시하며 큰강물에 배띄우고
작은냇물 다리놓아 오가는이 통섭하며
산고곡심 험한길에 길잃은자 지도하며
山高 谷深

그믐칠야 밤길가는 저행인에 횃불주며
앞어두운 저맹인이 개천구렁 건너거든
붙들어서 인도하며 타향객사 거리송장
선심으로 묻어주며 사고무친 병든사람
지성으로 구원하며 이런공덕 갖춰닦아
이극락에 나왔노라 나는과거 본행시에
십악오역 두루짓고 무간지옥 가올러니
임종시에 선우만나 겨우십념 염불하고
善 友

이극락에 나왔노라 나는과거 본행시에

삼악도중 수고러니 우리효순 권속들이
孝 順

나를위해 공덕닦아 이극락에 나왔노라

천차만별 본행사를 이와같이 의론할때
本 行 事

극락세계 공덕장엄 무량겁을 헤아려도

불가사의 경계로다 어이하여 그러한고

과거구원 무량겁에 부처님이 나오시니

세자재왕 여래시라 그때에 전륜왕은

그이름이 교시가라 국왕자리 버리시고

발심출가 비구되니 승명은 법장이라

세자재왕 여래전에 사십팔원 세우시니
如 來 前

하늘에서 꽃비오고 대지세계 진동이라
大 地 世 界

그후로 무량겁을 난행고행 다겁하여
難 行 苦 行 多 劫

사십팔원 성취하사 극락세계 장엄하고

그가운데 성도하니 우리도사 아미타라

삼계화택 동무들아 오욕락만 탐착말고
五 慾 樂

생사긴밤 꿈을깨어 이말씀을 굳게믿고

아미타불 대성호를 일심으로 외우시되
과거사도 분별말고 미래사도 사량말고
삼계만법[39] 온갖것이 몽환인줄 관찰하고
십이시중 주야없이 어린아이 젖생각듯
역경계도 아미타불 순경계도 아미타불
逆境界
행주좌와 어묵동정 일체시와 일체처에
語默動靜
일념마다 놓지마오 일구월심 오래하면
허다정량 없어지고 염불삼매 성취하며
許多情量
전후삼제 끊어지고 인아사상[40] 무너지면
前後三際   人我四相
십만억토 극락세계 자심중에 나타나고
만덕존상 아미타불 방촌중에 뵈오리니
方寸中

---

39) 삼계(三界)는 중생이 생사유전(生死流轉)하는 미망(迷忘)의 세계를 3단계로 나눈 것.
욕계(欲界)·색계(色界)·무색계(無色界)의 삼계를 말한다. 중생들이 윤회하면서 존재하는
세계이므로 삼유(三有)라고도 하고, 괴로운 곳이기 때문에 고계(苦界)라고도 하며, 괴
로움이 바다처럼 끝이 없기 때문에 고해(苦海)라고도 한다. 진실한 깨달음이 없다면
세상 모든 일(만법)이 꿈속의 일과 같이 허망하다.

40) 범부가 갖고 있는 네 가지의 그릇된 생각. 아상(我相): 나 라는 상(相). 5온이 화합하
여 조직된 것을 실아(實我)가 있다고 하고 또 내 것이 있는 줄로 생각하는 것. 참다운
내가 있는 줄로 여기는 잘못된 생각. 인상(人相): 5온의 화합으로 생긴 것 가운데 우리
는 사람이니 지옥취(地獄趣)나 축생취(畜生趣)와 다르다고 집착하는 견해. 중생상(衆生
相): 중생들이 잘못된 소견으로 자기의 몸은 5온이 가(假)로 화합하여 생겨난 것이라
고집하는 견해. 수자상(壽者相): 우리는 선천적으로 길던 짧던 간에 일정한 목숨을 받
았다고 생각하는 견해.

자성외에 극락없고 극락외에 자성없네

내마음이 아미타요 아미타가 자성일세

시방세계 끝없으나 나의자성 두루하니

제불심도 충만하고 내지육도 중생심도
六度

낱낱각각 두루하니 하나로되 일아니요
一

다른데도 다르잖네 한방안에 일천등불

광명각각 변만하되 서로서로 걸림없네

이마전지 이르오면 사바극락 둘아니오
伊麽田地

범부성인 따로없어 처처극락 현전하고

염념미타 출세로다

이와같은 수행인은 임종명시 당하오면

팔만상호 장엄하신 보신미타 영접하사
報身彌陀

실보토와 상적광토 상품연화 왕생하니
實報土

방가위지 대장부라 정토왕생 하는법이
方可謂之

한가지로 정함없네

근기좇아 무량하니 우리극락 상선인의

- 78 -

본행말씀 하신중에 내근기에 맞는대로
분수따라 수행하소 천파만류 흐르는물
한바다로 들어가고 만행중선 모든공덕
　　　　　　　　　萬行衆善
동귀극락 정토일세 진실심만 판단하여
同歸極樂
왕생하기 발원하면 임종명시 죽을때에
근기대로 왕생하되 상근기는 상품가고
중근하근 되는이는 장육팔척 화신미타
　　　　　　　　　　　　　化身彌陀
각각영접 하오시되 방편토와 동거토에
　　　　　　　　　方便土　　同居土
중근인은 중품련화 하근인은 하품련화
나의생전 닦은대로 어김없이 왕생하네
아미타불 영접하되 미타실로 온바없고
나의심식 왕생하되 나도실로 간바없네
　　心識
아니가고 아니와도 성범이　　제회하고
　　　　　　　　　聖凡　　　齊會
감응이　도교하여 영접하여 왕생하니
　　　　道交
이무슨　도리런고 청천에　밝은달이
천강수에 비쳤으나 달은실로 온바없고

- 79 -

물도실로 아니가되 강물이　　증청고로
밝은달이 나타나네 만일물이 흐리오면
달그림자 없어지니 물의청탁 탓이언정
달은본래 오감없네 이도또한 이같아서
내마음이 흐린고로 불신을　　못보다가
　　　　　　　　　佛身

임종일념 맑은고로 불월이　　나타나니
　　　　　　　　　佛月

내마음이 청탁있지 불은본래 오감없네
두사람이 달을보되 한사람은 크게보고
한사람은 작게보니 보는눈에 다름있지
달은본래 대소없네 이도또한 이같아서
팔만상호 보신불과 장육팔척 화신불이
근기좇아 나타나니 중생지견 차별있지
불은본래 대소없네 하늘사람 밥먹을때
보배그릇 한가지되 과거복덕 지은대로
음식빛이 부동하니 이도또한 이같아서
극락세계 하나이나 사종정토 구품련화
근기좇아 각각보네 정토업을 수행할때
의심을　　품고하면 이목숨　　마친후에

명부에서 상관없고 미타영접 아니하니
별로갈곳 없사오나 의성이라 하는곳에
疑 城
연태중에 몸을받아 오백세를 복락받고
다시정업 닦은후에 극락으로 왕생하니
필경에는 가더라도 오백세나 지체하며
아미타불 못보오니 정토발원 하는사람
결정신심 일으켜서 의심일랑 부디마오
만일다시 분별하되 수행한지 오래잖아
원결보채 많이져서 벗어나기 어려우며
怨 結 報 債
임종시에 아미타불 영접아니 하실테지
이분별을 부디마오 정진수행 하더라도
이분별이 장애되어 왕생길을 막나니
여하약하 묻지말고 필경왕생 하올줄로
如 何 若 何
결정신을 일으킨후 아미타불 한생각을
決 定 信
단단적적 잡아들어 산란심이 동하거든
端 端 的 的
더욱정신 가다듬소 명주들어 던지오면
明 珠

흐린물이 맑아지고 불호투어 난심하면
佛號投於
난심즉시 불심일세 나의화살 바로가면
佛心
저과녁을 못맞힐까 보름달이 원만키는
초승달로 시작이요 천리원정 도달함은
첫걸음이 시작일세 극락이 멀다하나
나의일념 진실하면 수인결과 하는날에
修因結果
미타성존 아니볼까 인생일세 믿음없어
백년세월 꿈속이라 달팽이뿔 가관이나
무엇에 쓴단말가 부귀영화 좋다하나
달팽이뿔 다름없네 새벽이슬 구슬된들
얼마오래 보존할꼬 인간칠십 고래희라
새벽이슬 다름없네 칼끝에 묻은꿀을
어린아이 핥아먹다 혀를필경 상커니와
지혜자야 돌아볼까 맛은좋고 죽는음식
미련한놈 먹고죽지 지혜자야 그러할까
여보오욕 빠진이들 죽는음식 그만먹소
五慾
생로병사 무서운불 사면으로 붙어오니

그가운데 있지말고 이문으로 어서나소
삼계화택 내닫기는 정토문이 제일일세
고해중에 빠진사람 이배를 어서타소
생사바다 건너기는 미타선이 제일일세
　　　　　　　　　　彌陀船

바다보배 천가지나 여의주가 으뜸이요
의약방문 만품이나 무우산이 으뜸이요
　　　　　　　　　無憂山

팔만사천 방편문이 이것저것 다통하나
생사윤회 빨리벗고 불법성에 바로감은
정토문이 으뜸일세 제불보살 출세하사
천경만론 이른말씀 미타정토 칭찬하사
고구정녕 권하시니 우리범부 사람들이
성인말씀 아니듣고 뉘의말을 신청하며
　　　　　　　　　　　　信聽

극락정토 아니가고 다시어디 갈곳있나
오탁악세 나온사람 과거죄업 깊은고로
이런말씀 불신하여 비방하고 물러가니
불에드는 저나비와 고치짓는 저누에를
그누가 구제할까 정토수행 하는사람

신구의를 조심하여 십악업을 짓지마소
과거생사 무량겁에 육도사생 순환하니
예서죽어 제서날때 부모없이 났을런가
이로좇아 생각컨대 혈기있는 준동함령
무비다생 부모로다 산목숨을 죽인이는
無非多生

살부살모 다름없네 화엄경에 하온말씀
혈기있는 중생류가 필경성불 한다하니
살생하는 저사람은 미래불을 죽임이라
호생오사 하는마음 나나저나 일반인데
好生惡死

내욕심을 채우려고 남의목숨 죽이나니
형세강약 부동하여 죽인바를 입사오나
맺고맺은 원한심이 구천에 사무치네
생사고락 순환하니 타일삼도 저고통을
他日三途

뉘가대신 받아줄까 검수도산 저지옥에
근단골절 몇번이며 확탕로탄 저지옥에
筋斷骨折 時 鑊湯爐炭

혈육초란 수있던가 지옥고를 마친후에
血肉焦爛

피모대각 육축되어 목숨빛을 갚을적에
披毛戴角 六畜

나는한번 죽였건만 갚는수단 무수하니

수원수구 한을할꼬 옛적에　　한엽사가
誰怨誰咎 恨　　　　　　　　獵士

다섯사슴 눈을뺀후 지옥고를 갖춰받고

인간세상 사람되어 오백겁을 눈빼이니

인과응보 역력커늘 어이그리 불신하오

아무리　　빈궁해도 도적질을 부디마오

승야월장 하는것만 도적업이 아니오라

남의재물 방편으로 비리횡취 하는것이

백주대적 이아닌가 저울내고 되말냄은

공평하게 하잤더니 주고받는 여수간에
　　　　　　　　　　　　　與受間

그농간이 무수하니 야속할사 인심이여

어이하여 그러한고 부모자식 천륜이라

네것내것 없건마는 옛적에　　한노모가

딸자식이 가난커늘 백미닷되 둘러내어

아들몰래 주었더니 모자같이 죽어서는

큰말되고 새끼되어 그아들을 태웠으니

모자간도 저렇거든 남의것을 의론할까
아무리   욕심나도 사음일랑 부디마오
나의처도 족하거든 남의처첩 무엇하나
옛적에   한사람이 남의첩을 간통할때
본부볼까 두려하여 사면으로 살피더니
本夫
죽은후에 아귀되어 기화의   치성으로
肌火
오장육부 모두타며 사면철봉 타살하니
괴롭고도 무섭도다 옛사람이 이르오되
구시화문41) 이러하니 입으로   짓는허물
口是禍門
모른결에 가장많다 발설지옥 고를보소
苦
혀를빼어 밭을가니 거짓말로 남속일까
두말하여 이간마오 백설조가 이아닌가
百舌鳥
하물며   악담죄는 그중에   더중하니
옛적에   한사람이 한번악담 하온죄로
백두어가 되었더라 또옛적에 한여인은
百頭魚

---

41) 입은 모든 재앙의 문이니 항상 언행을 신중히 해야 한다는 것.

지은허물 발명코자 가지가지 악담하고
　　　發明
죽은후에 아귀되어 제고기를 삶아내어
제가도로 먹었으니 악담부디 하지마오
남을향해 하는악담 내가도로 받느니라
하늘에　 뱉은침이 내얼굴에 아니질까
술을부디 먹지마오 술의허물 무량하여
온갖죄를 다짓나니 술집한번 가리키고
오백겁을 손없거든 하물며　 먹을손가
의적이　 작주커늘 우임금이 멀리하고
儀狄　　作酒
나한이　 대취커늘 세존이　 꾸짖으니
　　　　大醉
술에허물 없을진대 성인이　 금할손가
똥과오줌 끓는지옥 저고통이 무서워라
부디탐심 내지마오 살도음망 많은죄를
탐심으로 모두짓네 옛적에　 한낭자는
재산탐착 못잊더니 죽은후에 흰개되어
그재물을 지켰으며 또옛적에 한사람은
황금칠병 두고죽어 뱀의몸을 받았으니

그아니　무서운가 부디화를 내지마오
화낸죄보 무량하여 팔만장문 일어나네
　　　　　　　　八萬障門
예전에　　홍도비구 여러겁을 공부하여
　　　　弘道比丘　　劫
거의성불 가깝더니 한번화를 내고나서
이무기몸 받았으니 놀랍고도 두렵도다
만일사견 일으켜서 선악인과 불신하면
무간지옥 들어가서 천부처님 나더라도
　　　　　　　　千
나올기약 바이없네 고로옛적 선성비구
　　　　　　　　　　　善性比丘
이십년을 시불하여 십이부경 통달하고
　　　　侍佛
사선정을 얻었으나 악지식을 인연하여
인과를　　불신타가 생함지옥 하였으니
　　　　　　　　生陷地獄
중생죄업 가운데에 사견죄가 제일일세
파마늘을 먹지마오 날것으로 진심42)돋고
　　　　　　　　　　　嗔心
익힌것은 음심돋네 담배이름 다섯가지
담악초며 분사초라 선신은　　멀리하고
痰惡草　　焚蛇草

---

42) 성내는 마음.

악귀가　　　뒤따르니　알고차마　먹을손가
이런죄목　무수하여　실로측량　할길없네
화택중에　있는중생　죄안진이　뉘있을까
과거부터　이몸까지　지은죄를　생각하면
한량없고　가이없네　죄가형상　있을진댄
허공계를　다채워도　남은죄가　많으리니
이죄업을　그저두고　화택어찌　벗어나며
극락왕생　어찌할까　우리세존　대법왕이
죄악중생　슬피여겨　참회문을　세우시니
승속남녀　노소없이　지은죄를　생각하여
참회심을　일으켜서　이참사참[43]　두가지로
　　　　　　　　　　　　理懺事懺
삼보전에　참회하소　이참이라　하는것은
죄와자성　추구하되　두목수족　사대색신[44]
　　　　　　　　　　頭目手足
혈육피골　가운데에　죄의자성　어디있나
육신중에　없을진댄　색성향미　외경계에

---

43) 이참(理懺)은 실상(實相)의 이치를 관(觀)하여 죄를 멸하게 하는 참회(懺悔)로서 관찰
　　실상참회(觀察實相懺悔)라 하고, 사참(事懺)은 예불(禮佛), 송경(誦經) 등 신구의(身口意
　　=몸과 입과 뜻)의 행위로서 참회하는 것을 말하는데 이를 수분별참회(隨分別懺悔)라고
　　도 한다. 그러나 참회라고 할 때는 보통 사참(事懺)을 말한다.
44) 사대색신(四大色身): 지수화풍(地水火風) 사대(四大)로 이루어진 물질적 요소로 된 육
　　체를 말함.

죄의자성 어디있나 자세히   추구하되
내외에   없을진덴 중간인들 있을손가
내외중간 모두없어 죄성이   공적하다
죄성이   공적커니 죄상인들 있을손가
내외자성 청정하여 본래일물 걸림없네
태허공에 새가나니 새난자취 어디있나
자성허공 청정하니 죄상자취 있을손가
담담허공 바람일어 천파만랑 도도터니
바람하나 그친후에 천파만랑 간데없네
나의자성 바다중에 현전일념 허망하여
              現 前 一 念
죄구파랑 분분터니 현전일념 진실하여
무한죄구 간데없네 이는실로 그러하나
사상으론 불연하다 꿈이비록 허망하나
事 上   不 然
흉몽에는 흉사있고 길몽에는 길사보니
꿈이일향 허망할까 죄가비록 허망하나
      一 向
후세업보 분명하니 삼보신력 아니시면
죄를어찌 소멸할꼬 우리도사 아미타불

사십팔원 하온말씀 내지십악 오역인이
임종시에 이르러서 지옥악상 나타나되
내명호를 지성으로 열번만 일컬어도
염불소리 한마디에 팔십억겁 생사죄가
춘설같이 녹아지고 극락왕생 한다하니
대의재라 아미타여 고해보벌 아니신가
　　　　　　　　　苦海寶筏
누천년을 기른수풀 일성화로 사르오며
　　　　　　　　　一星火
천년암실 어두움을 한등불로 파했어라
아미타불 한소리에 천마외도 공포하고
도산검수 부서지니 과연삼계 도사로다
정토법문 깊이믿어 극락가기 발원하면
염라대왕 문서중에 나의성명 에워내고
극락세계 칠보못에 연봉하나 숫아나서
　　　　　　　　　連峰
내성명을 표제하고 나의수행 하는대로
연화점차 무성타가 안광락지 하온후에
　　　　　　　　　眼光落地
그연대에 나타나니 지금염불 하는사람
　　蓮臺
비록인간 있사오나 벌써극락 백성이라

동방세계 약사여래 팔보살을 보내시고
시방세계 아미타불 스물다섯 대보살로
이사람을 호위하며 시방제불 호념하고
천룡귀신 공경하니 천상인간 세계중에
최존최귀 제일일세 만일도로 퇴전하면
그연화가 마른다니 생사윤회 차치하고
연꽃아니 아까운가 여보염불 동무님네
부디부디 퇴전마오 도도한　 동류수는
　　　　　　　　　　　　　　東 流 水

창해바다 가기전에 쉬는일이 잠깐없네
최존최귀 사람되어 무정수만 못할손가
투석락정 거동보소 중간에서 안그치네
投 石 落 井
한번시작 하는일을 성취전에 그칠손가
남염부제 나온사람 심성이　 무정하여
　　　　　　　　　　　　　　無 定

아침나절 믿다가도 저녁나절 퇴전하며
설사오래 믿더라도 결정신근 전혀없어
눈앞경계 보는대로 다른소원 무수하니
불쌍하고 가련하다 만당처자 애착하고

금은옥백 탐심두니 목숨마쳐 돌아갈때
어느처자 따라오며 금은가져 노자할까
생사광야 험한길에 나의고혼 홀로가니
선심공덕 없사오면 삼악도   깊은구렁
살같이   들어가네 또다시   어떤사람
평시에는 염불타가 병이들면 아주잊고
아픈것만 싫어하며 살기로만 바라다가
생사로두 걸쳐있어 삼백육십 뼈마디를
生 死 路 頭
바람칼로 에워내니 수망각란[45] 손발젓고
手 忙 脚 亂
들숨날숨 멀고멀어 맑은정신 벌써날아
명도귀계 던진후에 임종염불 하여주니
冥 途 鬼 界
무슨효험 있을손가 도적간후 문닫히니
무엇을   잡으려나 생전약간 염불공덕
악업담자 못이겨서 업을따라 윤회하네
惡 業 擔 子
평시에   병법익혀 난시에   쓰겠더니
생전에   염불하여 임종시에 쓰겠더니

---

45) 각망수란(脚亡手亂)이라고도 한다. 미처 예상하지 못했던 일을 당해서 손발을 버둥거
리면서 당황한다는 말. 수행자는 어떠한 경계를 당해서도 침착해야 한다.

바른생각 미실하고 샷된마에 순복하니
迷失
일생염불 무너지네 여보염불 동무님네
이말씀을 신청하오 만일병고 침노커든
생사무상 가끔깨쳐 살기에도 탐착말고
죽음도 두려말고 이세계를 싫어하여
극락가기 생각하며 이몸이 허환하여
괴로움이 무량하니 연화대중 어서가기
일심으로 기디리되 천리타향 십년만에
고향으로 가는듯이 부모잃고 개걸타가
부모찾아 가는듯이 만덕홍명 아미타불
지성으로 생각하며 술과고기 드는약은
부디부디 먹지말며 문병인과 시병인과
집안권속 당부하되 내앞에서 객담말고
부드러운 애정으로 눈물흘려 위로말며
가사범백 묻지말고 일심으로 염불하여
家事 凡百
나의정념 도와주며 내가만일 혼미커든
가끔깨쳐 권념하며 임종시가 당하거든

서향하여 뉘어두고 일시조념 염불하며
　　　　　　　　　一時照念

임종한지 오랜후에 곡성을　　내게하소
이와같이 임종하면 평시염불 않더라도
서방정토 가려거든 하물며　　염불자를
다시무슨 의심할까 병이비록 중하여도
귀신에게 빌지마소 수명장단 정한것을
적은귀신 어이할까 부처님이 방광하니
방광이름 견불이라 임종인을 권념하고
이광명을 얻었으니 사람짐승 막론하고
죽는자를 만나거든 부디염불 하여주오
여보효순 권속들아 혼정신성 하온후와
　　　　　　　　　昏定晨省

감지지공 받든후에 염불법문 권하소서
甘旨之供

생전에만 효순하고 사후고락 모르오면
지극효심 어디있소 부모님의 죄되는일
호읍수지 간하옵고 모든선근 되는일은
號泣隨之

지성으로 권한후에 부모평생 지은공덕
낱낱이　　기록하여 병환이　　계시거든

- 95 -

시탕하는 틈을타서 염불로 권념하며
侍湯
닦으신 선근공덕 자세히 알려드려
정념을 발하여서 임종까지 이러하면
바로극락 가시나니 남의자식 되는사람
이말씀을 잊지마소 우리세존 석가님도
정반왕께 권한말씀 아미타불 염불하여
극락으로 인도하여 중국의 장로선사
어머니를 출가시켜 염불법문 권하올때
권화문을 지었으되 세출세간 두효도를
勸化文
갖춰말씀 하였으니 우리불조 효행대로
일체인이 반드시오 무병인이 염불함에
병많다고 비방마오 전세죄업 중한고로
사후지옥 가올것을 조금염불 공덕으로
지옥죄를 소멸하고 가볍게 받음일세
큰병있던 풍부인은 염불하고 병나으며
눈어두운 양씨녀는 염불하고 눈떴으니
나의정성 지극하면 이런효험 아니볼까
염불비방 하는사람 부귀창성 한다마소

지난세상 복을심고 지금부귀 받거니와
금세비방 하온죄는 후세필경 받나이다
농사법을 살펴보소 팥심으면 팥이나면
콩심으면 콩이나네 지금어떤 미련한놈
가시나무 심어두고 벼피기를 기다리네
사람의몸 받아나기 맹귀우목[46] 같으오며
　　　　　　　　　　　盲龜遇木
불법맞기 어려움이 우담화에 지나거늘
佛法
다행하다 우는사람 숙세무근 선근으로
사람몸을 받았으며 불법까지 만났는고
이런불법 만났을때 듣고아니 하는이는
불보살의 자비신들 그를어찌 제도할꼬
백년을　　　지낸후에 정명일세 감하리니
　　　　　　　　　定命一世
백년만큼 감하여서 삼십정명 되올때에
기근겹이 일어나니 맹화같은 독한병이

---

46) 맹귀우목(盲龜遇木): 열반경에 있는 말인데, 중생이 사람의 몸을 받아 세상에 나기가
　　어렵고 불법을 만나기가 아주 어렵다는 것을 비유한 말. 목숨이 긴 눈먼 거북이가 바
　　닷 가운데 있으면서 1백 년에 한번씩 물위로 떠오르는데 이때 구멍이 뚫린 나무가 표
　　류하다가 거북이 머리 위에 정확히 구멍이 맞음으로써 숨을 쉬게 된다는 것. 사람이
　　사람의 몸을 받고 불법을 만나기가 이렇게 어렵다는 뜻으로 한 말이다. 부목맹구(浮木
　　盲龜)와 같은 말.

만천하에 두루하여 칠년칠월 지내도록
만나는자 즉사하니 남은사람 얼마런고
십세정명 되올때에 도병겁이 일어나니
　　　　　　　　刀兵劫
사람마다 악심내어 초목와석 잡는대로
창검이　　서로되어 부모자식 상살하니
온세계에 주검이라 칠일을　　지낸후에
몇사람이 남았던고 이것이　　소삼재[47]라
　　　　　　　　　　　小三災
인수팔만 사천세가 십세정명 이르오면
人壽
이것은　　감겁이요 다시백년 지낸후에
　　　　　減劫
정명일세 더하옵고 이같이　　점증하여
도로팔만 사천되면 이것은　　증겁이라
　　　　　　　　　　　　　增劫
이십증감 지낸후에 칠일이　　병출하여
사바세계 백억천하 일시에　　불이되어

---

47) 소삼재(小三災): 세계가 생성되어 무너질 때 중생의 수명이 8만세에서 10세에 이르
기까지 증감을 20번 하는데 말세가 되어 사람의 수명이 10세가 될 때마다 일어나는
세 가지 재앙을 말한다. 도병재(刀兵災), 질병재(疾病災), 기근재(饑饉災)를 말함.

높은산과 깊은바다 욕계천과 색계초선[48]
色界 初禪

낱낱이   재가되니 그다음에 비가와서

초선까지 물이차서 이선천   무너지네
二禪天

또다시   대풍들어 삼선천이 무너지니

이것은   대삼재라 이세계가 생긴후에

팔증감은 이미지나 부처님은 아니나고

즉금제구 감겹이라 인수정명 육만시에
則今諸具   人壽定命

구류손불 출세하고 인수정명 사만시에
拘留孫佛

구나함불 출현하고 인수정명 이만시에
拘那含佛

가섭불이 출세하고 우리세존 석가여래
迦葉佛

대자대비 증승하사 인수백세 정명시에
        贈僧

가비라국 출현하니 그믐칠야 어두운맘

추공만월 돋으신듯 칠년대한 가뭄때에
秋空滿月

---

48) 색계는 초선(初禪) 이선(二禪) 삼선(三禪) 사선(四禪)의 사선천(四禪天)으로 나눈다. 이것은 다시 18천(天)으로 갈래친다. 그런데 학설과 경전에 따라 16천, 17천설도 있다. 초선은 악과 불선에 대치하는 사정려(四靜慮)를 닦는 색계의 천. 바로 이 초선천에 유명한 대범천(大梵天)이 자리잡고 있다. 범천(梵天)은 욕계육천의 제석천(帝釋天)과 더불어 불교의 2대 경호원이다. 석가모니불에게 설법을 간구하는 주인공도 범천이다.

감로세우 내리신듯 삼백여회 설법하여
도탈중생 하옵시고 칠십구년 주세하사
이락군품 하온후에 사라쌍수 열반하니
利樂群品
혼구장야 다시되네 부처님몸 상주하사
昏衢長夜
본래생멸 없건마는 중생근기 차별있어
생도보고 멸도보네 정법상법 이천년은
벌써이미 다지내고 계법만년 더욱잡아
季法萬年
팔백여세 지나가고 즉금칠십 정명이라
사천년을 또지내어 삼십정명 돌아오면
남염부제 있는나라 십만오백 십육국에
소삼재가 일것이니 염불않고 노는사람
설령악도 아니가고 세세생생 사람된들
저삼재를 어이할꼬 저때중생 박복하여
불법이 없건마는 오직정토 미타경에
백년을 더머무사 접인중생 하신다니
接引衆生
광대하다 미타원력 무엇으로 비유할꼬
고인이 이르시되 오탁이 등극하여

삼재겁이 가까우니 미타원력 아니시면
재앙벗기 어려워라 이같이   일렀으니
공포심을 어서내어 부지런히 염불하소
근래어떤 공부인이 극락미타 따로없어
내마음이 극락이요 내자성이 미타라고
아민심이 공고하여 정토법을 멸시하니
박복다장 한탓이라 무엇의론 할것없네
내마음이 부처란들 탐진번뇌 구족하니
제불만덕 어디있나 청산옥이 보배란들
그저두어 쓸데있나 양장이   얻어다가
            良匠
갈고닦아 만든후에 온윤지덕 나타나서
                  溫潤之德
천하보기 성취하니 자성불도 이같아서
天下寶器
번뇌무명 어디쓸꼬 미타양장 친견하고
                  彌陀良匠
만행으로 탁마하여 번뇌티끌 제거하고
萬行
항사항덕 나타나면 자성불이 이아닌가

자성불에 집착한이 인적위자[49] 부디마오
　　　　　　　　　　忍賊爲子

사바세계 청정함이 자재천궁 같은것을

나계범왕 홀로보고 대지상덕 사리불도
　　　　　　　　　大智上德

돌멩이로 보았으니 하물며　　우리범부

임종일념 실수하면 삼악도에 포복하니

자성극락 믿을손가 아민심이 공고하고

하열심이 비루하여 높은산과 낮은구릉
　　　卑陋

험한세계 났거니와 내마음이 평등하여

불지혜를 의지하면 정토왕생 하옵나니

자성극락 집착한이 집석위보 부디마오
　　　　　　　　執石爲寶

거룩하다 정토법문 시방제불 칭찬하고

항사보살 왕생하네 화엄경과 법화경은

일대시교 시종이라 위없이큰 법이건만
　　　始終

극락왕생 칭찬하며 마명보살 용수보살

제불화신 강적하사 정법안장 친히전해
　　　降跡

---

49) 인적위자(認賊爲子): 도적을 아들로 잘못 알고 양육함. 즉 번뇌(識)를 불성으로 잘못
알고 집착함. <능엄경>에서 설해진다.

권생극락 깊이하며 진나라 혜원법사
晉

반야경을 들으시다 활연대오 하시고도
豁 然 大 悟

광려산에 결사하사 삼칠일을 정에들어
匡 廬 山   結 社

미타성상 친견하고 극락으로 바로가며

천태산   지자대사 법화삼매 증득하사

영산회상 친견하고 삼관을   두루닦아
三 觀

상품왕생 하였으며 해동신라 의상법사

계행이   청정하사 천공을   받사오되
天 供

정토발언 견고하여 좌필서향 하오시며
座 必 西 向

서역동토 현철들이 고금왕생 무수하니

뉘가감히 입을벌려 정토법문 폄담하리
貶 談

오장왕과 흥종황제 시시때때 염불하고

왕생발원 깊이하며 장한과   왕시랑은

공명이   현달하여 벼슬길에 올랐어도

왕생법을 닦았으며 유유민과 주속지는

처자오욕 다버리고 백련결사 참례하여

인적끊고 염불하며 도연명　　이태백과
백락천　　소동파는 만고문장 명현이라
필봉이　　능늠하여 귀신을　　울렸으되
미타공덕 찬탄하고 왕생하기 발원하며
당나라의 정진이와 송나라의 도완이는
비구니의 몸으로서 염불하고 왕생하며
수문후와 진왕부인 비록재가 여인이나
여자몸을 싫어하여 지성으로 염불하고
연태중에 남자되며 파계비구 웅준이와
소잡는　　장선화는 생전죄악 많은고로
지옥고가 자명하나 임종일념 회심하고
연대중에 바로가며 풍기땅에 아간비자
連臺 阿干婢子
삼생전에 중이되어 건봉사　　만일회에
萬一會
별좌하다 죄를벗고 순흥땅에 암소되어
그죄값을 치른후에 삼생만에 비자되어
婢子
미타도량 공급하고 육신등공 왕생하니
고왕금래 살피건대 승속남녀 현우귀천[50]

---

50) 현우귀천(賢愚貴賤): 지혜롭거나 어리석거나, 귀하거나 천하거나.

내지죄악 범부까지 다만발심 염불하면
아니갈이 뉘있는가 만경창파 넓은바다
칠백유순 마갈어와 작은고기 곤장이가
摩 竭 魚
다름없이 한가진데 월장경에 하온말씀
月 藏 經
말세중생 억억인이 계행수도 하더라도
득도할이 하나없고 염불하여 구생하면
모두구원 한댔으니 사자왕의 결정설이
거짓말로 남속일까 기고나는 미물들도
교화은혜 입는단데 만물지중 사람되어
성인교화 못입을까 자맥성변 양류안에
紫 陌 城 邊 楊 柳 岸
화류하는 소년들아 춘흥이 날지라도
花 柳 春 興
꽃을부디 꺾지마오 그꽃밑에 독사있어
손상할까 무서워라 무정지물 국화꽃도
봄나비를 싫어하여 상강시에 숨어피니
霜 降 時
행화촌 여인들아 불꽃되기 좋아마소
적막공산 새벽달에 슬피우는 두견새는

소리마다 불여귀라 망망한   성색도중
                          聲色道中

인륜버린 공자들아 돌아갈길 왜모르나
석양산로 저문날에 천지일월 무색하다
오호라   슬프도다 만고호걸 남아들아
장생불사 하겠더니 어젯날   거마객이
오늘황천 고혼일세 잠을깨소 잠을깨소
생사장야 잠을깨소 조개라도 잠든지가
천년되면 깬다는데 몇부처님 출세토록
어이여태 아니깨오 대법고를 크게치고
생사옥문 열었으니 갇힌사람 어서나소
문을열어 안나오면 그사람은 할수없네
대비선을 크게모아 차안중생 제도하니
大悲船

배삯없는 행인들아 어서타고 건너가세
배를주어 아니타면 그사람은 할길없네
보원침익 제중생은 유심정토 어서가서
普願沈溺

자성미타 친견하고 환망진구 모든때를
공덕수에 목욕하고 탐진열뇌 더운것을

보수그늘 휴식하고 아귀도중 주린배를
寶樹

선열식에 포만하고 지옥도중 마른목을

법희수에 해갈하고 곡향같은 설법성에
谷響

여환삼매 증득하고 공화만행 수습하여
空花萬行

수월도량 안좌하여 경상천마 항복받고
鏡像天魔

몽중불과 성취후에 구화방편 시설하여
夢中佛果   漚和方便

환화중생 제도하고 법성토   넓은땅에

임운등등 등등임운 무위진락 수용하세

나무 아미타불   나무 관세음보살

왕생가

往 生 歌

작자 미상

홀연히　　생각하니 아득한　　꿈이로다
바람같은 이세월이 물결같이 흘러흘러
이몸이　　늙어가니 황천객을 면할손가
한많은　　인간살이 향불속에 붙여두고
구름같이 일던망상 염불속에 잊고지고
천생만겁 지은죄를 발원참회 하옵나니
극락세계 아미타불 나를살펴 인도하소
우리교주 석가여래 영산설법 하오실때
정토왕생 하올것을 미타경에 찬했으니
나도이제 불제자라 정토발원 하나이다
타고지고 타고지고 반야용선 타고지고
　　　　　　　　　般 若 龍 船
가고지고 가고지고 극락세계 가고지고
보고지고 보고지고 아미타불 보고지고
듣고지고 듣고지고 무상설법 듣고지고
　　　　　　　　　無 上 說 法

놀고지고 놀고지고 연화봉에 놀고지고

사십팔원 공덕장엄 놀랍고도 장할시고

팔공덕수 맑은물에 상선인과 목욕하고
八 功 德 水　　　　　　　　上 善 人

구품련대[51] 향기속에 비단옷깃 휘날리고
九 品 蓮 臺

보배영락 목에걸고 연화관도 높이쓰고
　　　　　　　　　蓮 華 冠

보배누각 구름다리 끊임없이 왕래하고

칠보향수 서기속에 가릉빈가 노래듣고

선열위식 법희식에 불기불포 만족하고
禪 悅 爲 食　法 喜 食　　不 饑 不 飽

팔종청풍 바람속에 건달바의 풍악듣고

화개당번 묘한장엄 진주보배 수실되고

향기꽃의 비가오니 옷자락에 가득담고

오색구름 발을밟는 바람길이 가고오고

제불전에 꽃공양도 임의자재 수용하고

법성토 넓은뜰에 금탑은탑 많을시고
法 性 土

---

51) 구품연화라고도 한다. 정토세계에 왕생하는 사람이 앉게되는 9종의 연화대. 평생에
지은 업에 따라서 9등급으로 나뉜다고 한다. 상상품(上上品)은 금강대(金剛臺), 상중품
은 자금대(紫金臺), 상하품은 금련대(金蓮臺), 중상품은 연화대(蓮花臺), 중중품은 칠보
연화(七寶蓮花), 중하품은 경에 밝혀져 있지 않고, 하상품은 보련화(寶蓮花), 하중품은
연화(蓮花), 하하품은 금련화유여일륜(金蓮花猶如日輪)에 앉아서 극락왕생 한다고 한
다.

우담발화 꽃밭속에 금모래도 좋을시고
항하사수 대보살과 노래하며 춤도추고
밤낮없는 설법속에 신통광명 얻어지고
재재처처 안락장엄 무량복락 받고지고
세세생생 미타회생 이별없이 놀고지고
사바세계 모든중생 날과같이 발원하여
娑婆世界

저리좋은 극락세계 회향동참 하시리다
우리도사 금색여래 일심정녕 이구동설
사십팔원 대원속에 반야용선 잡아타고
극락세계 가봅시다

학명선사(鶴鳴禪師, 1867~1929)

속성은 白씨, 법명은 철종(哲宗), 법호는 학명(鶴鳴)으로 전남 영광군 불갑면 출신이다. 스무살에 아버지가 세상을 떠나자 문득 인간의 삶의 덧없음을 깨닫고 명산대찰을 찾아 나그네 길에 오른다. 그런 그의 발길은 순창 구암사(龜岩寺)에 닿았고, 당대의 고승 설두화상의 지도 아래 불도를 닦기 시작한다. 이후 불갑사의 금화선사를 스승으로 수계하여 출가한다. 4년후인 1890년에 자신의 출가동기를 부여했던 구암사 강원을 찾아 내전을 공부하고 구족계를 받았다. 이로부터 10년 동안 지리산 벽송사, 조계산의 선암사, 송광사등지를 두루 찾아다니며 천하의 선지식을 참방하여 법을 구하고 삼학(三學)에 두루 통달하였다.

1900년, 학명은 은사인 금화선사에 의해 건당(建幢)하고 법통을 이어받으니 바로 백파선사의 7대 법손이 되고 설두선사의 증손이 되었고, 이후 중국 땅의 넓은 천지를 돌며 고승들을 참방하고, 선화를 나누었으며, 이듬 해에는 일본으로 건너가 당대 최고의 선지식들과 교류하였다. 43세 때인 1909년에 일본에서 돌아온 그는 1912~1916년경 내소사 주지를 맡았으며, 1919년경부터 황폐해진 월명선원을 다시 일으킨 후 월명암에서 제방납자를 제접하였다. 정읍 내장사에서 반농반선(半農半禪)의 청정한 수행으로 일생을 보낸 스님은 1927년 3월 27일 내장사에서 입적했다.

왕생가

往 生 歌

학명선사

가봅시다 가봅시다 좋은국토 가봅시다
천상인간 두어두고 극락으로 가봅시다
극락이라 하는곳은 온갖고통 전혀없어
황금으로 땅이되고 연꽃으로 대를지어
아미타불 주인되고 관음세지 보처되어
補 處

사십팔원 세우시고 구품련대 벌이시사
반야용선 내어보내 염불중생 접인할때
接 人

팔보살 호위하고 인로왕보살 노를저어
제천음악 갖은풍류 천동천녀 춤을추며
오색광명 어린곳에 생사대해 건너가서
연태중에 화생하고 무량복락 수용하며
蓮 胎 中   化 生

너도나도 차별없이 필경성불 하고마네

장하도다 우리형제 동공발심 대원으로
同共發心
허송세월 하지않고 하루바삐 아미타불
유심정토 어디이며 자성미타 누구런가
천념만념 무념으로 반조자성 쉴새없네
返照自性

원적가
圓寂歌

학명선사

나는가네 나는가네 오던길로 나는가네
오던길이 어디메뇨 열반피안 그것이니
             涅槃彼岸

나간다고 설워말고 살았다고 좋아마소
만고제왕 후비들도 영영이길 가고마네
萬古帝王   后妃

이산저산 피는꽃은 봄이오면 싹이트나
이골저골 장류수는 한번가면 다시올까
       長流水

저봉너머 떳던구름 종적조차 볼수없네
   峯

악심독심 모진사람 날보아서 해방하소
惡心毒心

탐욕심이 많은사람 날보아서 그만두소
貪慾心

이기생활 하는사람 날보아서 조심하소
利己生活

상애심이 적은사람 날보아서 동정하소
相愛心

아만심이 많은사람 날보아서 개량하소

무상심이 없는사람 날보아서 발심하소
無常心

명리장에 허댄사람 날보아서 자각하소
名利場

주색계에 부랑자는 날보아서 회심하소
悔心

의식으로 구속된자 날보아서 심득하소

구식으로 굴던사람 날보아서 혁신하소
舊式

신식으로 밝은사람 날보아서 시기마소
新式

종교심이 없는사람 날보아서 발신하소
發信

장부심이 없는사람 날보아서 용단하소

공산야월 두견새는 날과같은 한일런가
空山夜月　　　　　　　　　　恨

부귀영화 받던복락 오늘날로 가이없네
福樂

실상없이 살던몸이 이제다시 허망하다
實相

몽중같은 이세상에 초로인생 들어보소
夢中　　　　　　　　草露人生

인간칠십 고래희는 고인먼저 일렀어라
古來稀

진실사업 하던사람 죽는날도 아니죽네
생각대로 못한한은 태평바다 눈물인가
영결이냐 왕생이냐 무거무래 참말이냐
永訣　　　往生　　　無去無來
무상이냐 생멸이냐 불생불멸 현전이다
無常　　　生滅　　　不生不滅　現前
천당인가 극락인가 열산고해 그중이다
　　　　　　　　　熱山苦海
천지소멸 될지라도 일단고명 역력하다
　　　　　　　　　一段孤明
연화대로 간다더니 화장장이 왼일인가
蓮花臺　　　　　　火葬場
명당찾아 간다더니 공동묘지 그중인가
사회심이 없는사람 날보아서 단결하소
공덕심이 없는사람 날보아서 양성하소
노예심이 많은사람 날보아서 독립하소
자비심이 없는사람 날보아서 향상하소
무상인지 진상인지 생로병사 그뿐이다
無常　　　眞相
과거런가 미래런가 다못현재 일념이다
열반노두 어디런가 어묵동정 의심마소
涅槃路頭　　　　　語默動靜
가가문호 몰랐더니 다시보니 장안이다
　　　　　　　　　　　　　　長安

본지풍광 누가몰라 청풍명월 다름없다
本地風光
금일면목 누가몰라 청산유수 어디없어
생사대사 깨친사람 고금천하 몇몇인가
깨치거든 일러주소 구전심수 할길없어
애고대고 울음소리 울음소리 애고대고

阿彌陀佛及聖眾來迎圖

장엄염불

아미타불 진금색은 광명놓아 찬란하고
단엄하신 상호또한 비길데가 하나없네
오색빛의 백호광명 수미산을 뒤덮으며
검푸른눈 사대해의 어지러움 맑게하네
그빛속에 화현하신 부처수가 한이없고
화현하신 보살대중 그수또한 끝이없네
사십팔원 원력으로 중생제도 하옵시고
구품으로 모든중생 피안으로 이끄시네
이와같이 아미타불 큰공덕을 찬탄하니
법의세계 장엄하여 뭇중생을 이끄소서
서방정토 가려하는 임종시의 모든중생
아미타불 친히뵙고 성불하게 하옵소서
극락세계 그중에서 칠보로된 연못에는

수레같은 연꽃피어 구품으로 장엄되고
열여섯자 금빛몸의 아미타불 서계시며
가슴위엔 왼손없고 오른손은 수하시고
금빛얼굴 미간에는 백호광명 찬란하네
왼쪽에는 관음보살 오른쪽은 세지보살
장중하게 시립하여 모든것을 살피시네
대성이신 관자재께 목숨다해 귀의하니
그모습은 금산같은 담복화와 같으시고
대성이신 대세지께 목숨다해 귀의하니
그모습은 광명으로 인연중생 비추시네
이세분의 성현들이 쌓은공덕 모은다면
티끌수를 훨씬넘고 허공보다 크오리다
시방세계 일체제불 모두함께 찬탄하니
티끌수겁 지낸대도 일부분에 못미치리
그러므로 저희들도 공경하여 절합니다
이내목숨 다하도록 별념없길 원하옵고

오롯하게 아미타불 따르기만 소원하며
마음마음 언제든지 백호광명 머무르고
생각생각 금색상과 떨어지지 아니하리
염주돌려 집중하여 법의세계 관한뒤에
저허공을 줄로엮듯 남김없이 꿰어보니
평등하신 노사나불 안계신곳 없으시듯
서방정토 아미타불 친견코자 원합니다
나무 서방대교주   무량수 여래불

극락세계 십종장엄 (나무아미타불)
법장비구 서원수행 인연으로 장엄하고
사십팔원 지극하신 원력으로 장엄하고
미타명호 무량수명 광명으로 장엄하고
세분성현 보배같은 상호로써 장엄하고
아미타불 극락정토 안락으로 장엄하고

보배강물 청정하온 공덕수로 장엄하고
궁전누각 보배로운 여의주로 장엄하고
낮과밤은 길고길게 시분으로 장엄하고
이십사락 즐거움을 정토가득 장엄하고
서른가지 이익되는 공덕으로 장엄하네

미타인행 사십팔원 (나무아미타불)

온갖악도 이름조차 없어지기 서원하고
그악도에 떨어지는 사람없기 서원하고
모두같이 금색의몸 빛이나기 서원하고
한결같은 모습으로 차별없기 서원하고
숙명통의 신통묘용 성취하기 서원하고
천안통의 신통묘용 획득하기 서원하고
천이통의 신통묘용 획득하기 서원하고
타심통의 신통묘용 훤히알기 서원하고

신족통의 신통묘용 뛰어넘기 서원하고
나란생각 다여의고 청정하기 서원하고
바른깨침 확연하게 결정되기 서원하고
한량없는 광명으로 비추기를 서원하고
한량없는 수명으로 오래살기 서원하고
아라한도 얻는이가 수도없기 서원하고
중생마다 오래도록 장수하기 서원하고
모두같이 착한이름 획득하기 서원하고
일체모든 부처님께 칭찬듣기 서원하고
아미타불 십념하면 왕생하기 서원하고
임종시에 아미타불 친견하기 서원하고
회향으로 일체모두 왕생하기 서원하고
삼십이상 묘한상이 구족되기 서원하고
모두같이 보처지위 올라가기 서원하고
새벽마다 부처님께 공양하기 서원하고
모든것에 우뚝서서 만족하기 서원하고

부처님의 근본지에 들어가기 서원하고
나라연력 견고한힘 모두얻기 서원하고
장엄함이 무량하여 한량없기 서원하고
보배나무 바라보듯 모두알기 서원하고
수승하온 말재주를 획득하기 서원하고
말재주의 쓰임새가 한량없기 서원하고
청정국토 널리모두 비추기를 서원하고
수승하온 음성들이 한량없기 서원하고
광명받아 안락함을 모두얻기 서원하고
무생법인 모두같이 성취하기 서원하고
불편한몸 여의어서 장애없기 서원하고
아미타불 이름듣고 지과얻기 서원하고
천인들이 공경하여 예배하기 서원하고
생각대로 옷이되어 입혀지기 서원하고
제스스로 그마음이 조촐하기 서원하고
보배나무 관하여서 정토보기 서원하고

결함없이 모든육근 구족되기 서원하고
모두같이 청정하게 해탈되기 서원하고
훌륭하고 귀한몸을 모두받기 서원하고
좋은마음 모두같이 구족하기 서원하고
모든부처 받들음이 견고하기 서원하고
듣고싶은 법문들을 모두듣기 서원하고
깨달음의 자리에서 안밀리기 서원하고
생사없는 무생법인 모두얻기 서원하네

제불보살 십종대은 (나무아미타불)

중생위한 깊은마음 끝도없이 넓은은혜
어려운행 힘든고행 대신하여 닦은은혜
언제든지 남위해서 한결같이 도운은혜
육도중생 형상따라 모습바꿔 나툰은혜
중생들과 함께하며 구원하려 애쓴은혜

한량없는 대비심이 깊고또한 중한은혜
중생들을 섭수하려 수승함을 숨긴은혜
참된진리 펴시려고 방편교를 쓰신은혜
선한마음 내게하려 열반모습 보인은혜
대비심이 다함없이 한량없이 내신은혜

보현보살 십종대원 (나무아미타불)

시방세계 부처님께 예경하기 원하오며
시방세계 모든여래 찬탄하기 원하오며
시방모든 부처님께 공양하기 원하오며
참회하여 모든업장 소멸되기 원하오며
다른이의 공덕따라 기뻐하기 원하오며
부처님께 법문하심 간청하기 원하오며
부처님이 항상계셔 주시기를 원하오며
부처님을 항상따라 공부하기 원하오며

중생들의 뜻을따라 수순하기 원하오며
지은공덕 중생에게 회향하기 원합니다

석가여래 팔상성도 (나무아미타불)

도솔천[52]서 강림하여 마야부인 품에들고
룸비니의 동산에서 장엄하게 탄생하고
사대문을 둘러보아 삶의무상 관하시고
한밤중에 성을넘어 비장하게 출가하고
설산에서 육년동안 뼈를깍는 고행하고
보리수하 마군들을 항복받아 성도하고
녹원에서 처음으로 법의수레 굴리시고
사라쌍수 아래에서 대열반에 드시었네

---

52) 도솔천(兜率天): 불교의 우주관에서 분류되는 천(天)의 하나. 미륵보살(彌勒菩薩)이
머무르고 있는 천상(天上)의 정토(淨土)이다. 범어 듀스타(tusita)의 음역으로서, 의역하
면 지족천(知足天)이라고 한다. 불교에서는 본능(식욕, 성욕, 수면욕)이 지배하는 욕망
의 세계에 여섯 하늘이 있다고 하는데 그 중 네 번째 하늘을 말한다. 이 도솔천의 도
량은 장래 부처가 될 보살이 자신이 머물 곳으로 삼으므로 석가모니부처님도 일찍이
여기에서 수행하셨다.

다생부모 십종대은 (나무아미타불)

태에품어 목숨걸고 보호하여 주신은혜
낳으실때 심한고통 참아내어 견딘은혜
갓난아기 낳은뒤에 모든근심 잊은은혜
쓴것골라 자기먹고 단것찾아 먹인은혜
젖은자리 갈아주고 마른자리 뉘신은혜
젖과밥과 약으로써 양육하여 주신은혜
더러운것 싫다않고 갈아주고 씻긴은혜
길떠나면 올때까지 걱정하며 애쓴은혜
자식위해 몹쓸짓도 마다않고 행한은혜
장성해도 한결같이 사랑하여 주신은혜

오종대은 명심불망 (나무아미타불)

각처에서 편안하게 살게해준 나라은혜
낳아주고 길러주신 하늘같은 부모은혜

바른진리 일러주고 깨쳐주신 스승은혜
의식주와 양약공양 베풀어준 시주은혜
함께닦고 부딪히며 성장시킨 봉우은혜
이은혜를 갚기위해 지극정성 염불하네

고성염불 십종공덕 (나무아미타불)

수월하게 졸음쫓아 머리맑힌 일자공덕
마구니가 두려워서 도망가는 이자공덕
염불소리 시방가득 장엄하는 삼자공덕
지옥아귀 축생들이 고통쉬는 사자공덕
바깥경계 온갖소리 장애없는 오자공덕
염불하는 그마음이 산란없는 육자공덕
용맹스런 대정진이 이뤄지는 칠자공덕
모든부처 함께같이 기뻐하는 팔자공덕
염불삼매 뚜렷하게 나타나는 구자공덕

마침내는 극락정토 왕생하는 십자공덕

겹겹쌓인 푸른산은 아미타불 토굴이요
넓고넓은 푸른바다 부처님의 궁전이라
삼라만상 서로서로 걸림없이 오간다면
늘푸른솔 정자에서 붉은학을 봄이로다

극락세계 아미타불 만월같은 모습으로
백호광명 금빛몸이 저허공을 비추나니
누구든지 일념으로 그이름을 부른다면
잠깐사이 깨달아서 무량공덕 이루리라

삼계고해 윤회함이 두레박이 돌고돌듯
억만겁이 지나도록 끝이없이 돌고도네
이생에서 이몸으로 제도되지 못한다면
어느생을 기다려서 이몸제도 하려는가

하늘위나 하늘아래 부처같은 이없으며
시방세계 누구와도 비교할자 하나없네
온세상을 두루두루 남김없이 살펴봐도
그어느곳 누구라도 부처님만 못하여라

온세계의 티끌들을 남김없이 세어알고
큰바다의 모든물을 남김없이 다마시고
저허공을 재어알고 저바람을 얽는데도
부처님의 무량공덕 다말할수 없아오리

가사경을 높이이고 티끌수의 겁을돌고
이몸으로 법상지어 대천세계 뒤덮어도
부처님법 전하잖고 중생제도 아니하면
결국에는 부처은혜 갚지못한 사람일세

내가이제 보현보살 수승하신 행원으로
가이없고 끝이없는 수승한복 회향하고
고통중생 빠짐없이 구제함을 원력세워
아미타불 극락왕생 어서빨리 이루리라

아미타불 계신곳이 어디인가 살피기를
마음속에 꼭붙들어 놓지말고 생각하되
생각생각 지극해서 무념처에 이르르면
여섯감관 곳곳에서 자금광명 발하리라

보신화신 참이아닌 거짓인연 된것이며
법신만이 청정하게 영원무궁 무변하니
일천강에 물있으면 일천강에 달이뜨고
만리하늘 구름걷혀 확연하게 드러나네

원하나니 법의세계 일체모든 중생들이

모두함께 아미타불 대원해에 들어가서
미래제가 다하도록 무량중생 제도하여
너나없이 모두같이 함께성불 하사이다

서방정토 극락세계 언제든지 계시옵는
삼십육만 억하고도 일십일만 구천오백
같은이름 같은명호 두루갖춘 아미타불
대자대비 넓은품에 지성으로 귀의하리

서방정토 극락세계 언제든지 계시옵는
장대하신 부처님몸 끝이없는 상호로써
금색광명 발하시어 시방세계 비추시고
사십팔원 원력으로 중생들을 건지시는

말로하기 어렵웁고 전하기도 어려우며
말로하기 정말힘든 저항하의 모래같은

티끌수의 극락세계 온갖잡초 수와같은
셀수없는 많은수의 부처님이 계시나니

삼십육만 억하고도 일십일만 구천오백
같은이름 같은명호 두루갖춘 우리스승
크나크신 은혜주신 금빛나는 아미타불
대자대비 넓은품에 지성으로 귀의하리

볼수없는 정수리에 거룩한상 갖추옵신
아미타불 넓은품에 지성으로 귀의하리

정수리의 살상투에 거룩한상 갖추옵신
아미타불 넓은품에 지성으로 귀의하리

보랏빛의 유리처럼 빛난머리 갖추옵신
아미타불 넓은품에 지성으로 귀의하리

미간에서 찬란하온 백호광명 드리우신
아미타불 넓은품에 지성으로 귀의하리

버들같은 가는눈썹 거룩하게 갖추옵신
아미타불 넓은품에 지성으로 귀의하리

온갖중생 모든소리 다듣는귀 갖추옵신
아미타불 넓은품에 지성으로 귀의하리

원만하고 높고곧은 우뚝한코 갖추옵신
아미타불 넓은품에 지성으로 귀의하리

큰소라의 법라같은 거룩한혀 갖추옵신
아미타불 넓은품에 지성으로 귀의하리

순금빛의 찬란하온 거룩한몸 갖추옵신
아미타불 넓은품에 지성으로 귀의하리

나무문수보살 나무보현보살 나무관세
음보살 나무대세지보살 나무금강장보
살 나무제장애보살 나무미륵보살 나무
지장보살 나무일체청정대해중보살마하
살

원하오니 법계모든 중생들이 함께같이
아미타불 대원해로 들어가게 하옵소서

시방삼세 부처님중 아미타불 제일이니
구품으로 제도중생 그위덕이 한이없네

제가이제 귀의하여 삼업죄를 참회하고

모든복과 선행모아 마음다해 회향하니
염불하는 모든사람 극락왕생 이뤄지고
임종시에 부처뵙고 일체중생 건지오리

원하오니 이내목숨 다마치는 그순간에
일체모든 장애들을 남김없이 없애고서
아미타불 거룩한몸 눈앞에서 친견하고
순식간에 안락하온 극락왕생 하여지다

원하오니 이와같이 지중하온 인연공덕
온우주에 이르도록 널리일체 두루미쳐
우리들은 물론이고 일체모든 중생들이
이번생에 모두같이 극락국에 태어나서
모두함께 면전에서 아미타불 친견하고
모두같이 무상불도 이루기를 바랍니다

극락왕생 원하옵고 극락왕생 원하오니
극락정토 태어나서 아미타불 친견하고
저의이마 만지시며 수기하기 원합니다

극락왕생 원하옵고 극락왕생 원하오니
아미타불 극락정토 회상중에 자리하여
언제든지 향꽃공양 올리고자 원합니다

극락왕생 원하옵고 극락왕생 원하오니
연화장의 극락세계 모두함께 태어나서
너나없이 한꺼번에 성불하길 원합니다

정토업(淨土業)

무량수불설왕생정토주
나무 아미다바야 다타가다야 다디야타
아미리 도바비 아미리다 싯담바비 아
미리다 비가란제 아미리다 비가란다
가미니 가가나 깃다가례 사바하

결정왕생정토진언
나무 사만다 못다남 옴 아마리 다바폐
사바하

상품상생진언
옴 마리다리 훔훔바탁 사바하

아미타불 본심미묘진언
다냐타 옴 아리다라 사바하

아미타불심중심주
옴 노계새바라 라아 하릭

무량수여래심주
옴 아마리다 제체 하라 훔

무량수여래 근본다라니
나모라 다나다라 야야 나막알랴 아미
다 바야다타아다야 알하제 삼먁삼못다
야 다냐타 옴 아마리제 아마리도 나바
베 아마리다 삼바베 아마리다 알베 아
마리다 싯제 아마리다 제체 아마리다
미가란제 아마리다 미가란다 아미니

아마리다 아아야 나비가례 아미리다
낭노비 사바례 살발타 사다니 살바갈
마 가로삭사 염가례 사바하

답살무죄진언
옴 이제리니 사바하

해원결진언
옴 삼다라 가다약 사바하

발보리심진언
옴 모지짓다 못다 바나야 믹

보시주은진언
옴 아리야 승하 사바하

보부모은중진언

옴 아아나 사바하

선망부모 왕생정토진언

나무 사만다 못다남 옴 숫제유리 사바
하

문수보살 법인능소정업주

옴 바계타 나막 사바하

보현보살 멸죄주

지바닥 비니바닥 오소바닥 카혜 카혜

관세음보살 멸업장진언

옴 아로늑계 사바하

연지대사(蓮池大師, 1532-1612)

　　중국　명(明)나라　때의　고승.　자는　불혜(佛慧),　호는　연지(蓮池)이다.
1571년　항주(杭州)에　있는　운서산에　들어가　염불삼매를　수행하여　깨쳤다.
정토종　제8대　조사로　추앙받고　있으며,　자백선사,　감산선사,　묘익선사와
함께　명나라의　4대　고승의　한　분으로　불리우고　있다.　저서로는　<왕생집>
3권과　<능엄경모상기>　1권이　있고,　<선관책진>,　<범망경소발은>,　<아미
타경소초>,　<화엄경감응략기>　등　30여　가지가　전하여진다.

서방원문

西方願文

연지대사

서방정토 극락세계 대교주로 계시면서
만중생을 제도하는 아미타불 부처님께
지성으로 귀의하며 왕생극락 발원하니
자비하신 원력으로 굽어살펴 주옵소서

네가지의 큰은혜를 저희에게 베푼이와
삼계고해 중생들을 진심으로 위하여서
부처님의 크고넓은 무상대도 이루려고
아미타불 광명성호 지성으로 외우오니
극락세계 왕생하여 성불하길 비나이다

업의장애 두터웁고 복과지혜 미천하며
이마음은 더러움에 물들기가 매우쉬워

청정공덕 이루기가 태산처럼 어려우니
제가이제 아미타불 부처님께 나아가서
지성으로 예배하고 참회발원 하려오니
아미타불 원력으로 굽어살펴 주옵소서

저희들이 끝이없는 옛적부터 오늘날에
이르도록 몸과입과 마음으로 한량없이
지은죄를 지성으로 참회하니 태양광에
눈녹듯이 모든죄업 사라지고 오늘부터
발원하여 죄짓는일 멀리하고 다시짓지
아니하며 보살도를 항상닦아 물러나지
아니하며 무상정각 이루어서 만중생을
제도코자 일심발원 하나이다

아미타불 님이시여 대자대비 원력으로
저를증명 하시옵고 어여쁘게 여기시고

가피하여 주시어서 선정이나 꿈속이나
거룩하신 아미타불 대광명이 보여지다

장엄하신 온국토에 감로비를 뿌리시고
대광명을 비추시니 업의장애 소멸되고
선근공덕 자라나며 번뇌망상 없어지고
근본무명 깨어져서 대원각의 묘한마음
뚜렷하게 열리어서 상적광토 참세계가
항상앞에 나타나리

이내목숨 마칠때에 그시기를 미리알아
여러가지 병고액난 몸속에서 없어지고
탐진치의 온갖번뇌 씻은듯이 사라지며
육근경계 화락하고 한생각이 분명하여
선정삼매 깊이들어 이내몸을 뒤로하고
왕생극락 하여지다

극락가는 바로이때 아미타불 부처님과

관음세지 보살님과 청정해회 성중께서
광명으로 맞이하고 대자비로 인도하여
높고넓은 누각들과 아름다운 깃발들과
맑은향기 고운음악 찬란하게 나투시어
극락세계 인도하여 주옵소서

이경계를 보는이와 이경계를 듣는이들
크게기뻐 감격하여 위가없는 보리심을
모두함께 받아지녀 이내몸은 연화보좌
금강대에 올라앉아 아미타불 뒤를따라
극락정토 나아가리

칠보장엄 연못속에 상품상생 하고나서
불보살님 설하시는 무상법문 알아듣고
무생법인 깨닫고서 부처님을 섬기옵고
성불수기 받아지녀 삼신사지 오안육통
　　　　　　　　　　三身四智　五眼六通
백천가지 다라니와 크고넓은 온갖공덕
원만하게 이뤄지다

그런후에 대자대비 마음내어 사바세계
다시와서 한량없는 분신으로 시방법계
다니면서 여러가지 신통력과 가지가지
방편으로 무량중생 제도하고 탐진치를
멀리떠나 청정한맘 일심으로 극락세계
돌아와서 물러나지 않는자리 연화보좌
금강대에 오릅니다

이세계가 끝이없고 중생들도 끝이없고
번뇌업장 끝이없어 제서원도 이와같이
끝간곳이 없나이다

저희들이 지성으로 예배하고 발원하여
닦아지닌 모든공덕 두루두루 빠짐없이
만중생에 회향하고 네가지의 크신은혜
모두갚게 하시옵고 삼계육도 일체유정
중생들을 모두함께 제도하여 일체종지
이뤄지이다.

정념게

正 念 偈

제자 ○○○는 생사에 헤매는 범부로서
죄업이 지중하여 육도에 윤회하매 그 괴
로움은 이루다 말할수 없었나이다.
그러나 다행히도 이제 선지식을 만나,
아미타불의 명호와 공덕을 듣고 일심으
로 염불하여 왕생하기를 원하옵나니,
바라옵건대 자비를 드리우사 가엾시여겨
거두어 주옵소서.

어리석은 저는 부처님 몸의 상호와 광명
을 알지 못하오니, 원컨대 나투시어 저
로하여금 친견하게 하옵소서.
그리고 관세음보살과 대세지보살, 여러
보살들을 뵙게 하시고, 서방정토의 청정

한 장엄과 광명과 미묘한 형상들을 역력
히 보게 하여 주옵소서.

나무아미타불
나무아미타불
나무아미타불

제2부. 선사들의 염불법문

육조 혜능선사의 염불공덕게

옛날 어떤 이가 육조 혜능선사께 묻기를,
"염불에 어떤 이익이 있습니까."
선사께서 답하시기를,

「나무아미타불 여섯 자를 부르는 이것이야말로
만세萬世토록 세간出世을 벗어나는 묘도妙道요
부처를 이루고 조사祖師가 되는 정인正因이요
삼계三界 인천人天의 안목眼目이요
마음을 밝히고 자성自性을 보는 혜등慧燈이요
지옥을 깨부수는 맹장猛將이요
사악한 것들을 베는 보검寶劍이요
오천대장五千大藏의 골수骨髓요
팔만총지八萬總持의 중요한 관문이요
시방허공이 멀고 아득하여 끝이 없음이요
광대한 일성一性의 원명圓明이요
흑암黑暗을 여의는 명등明燈이요
생사生死를 벗어나는 뛰어난 방편이요
고해苦海를 건너는 타고 가는 배요
삼계三界를 뛰어넘는 지름길이다.
이것이 본성미타요, 유심정토이며,
이것이 본사本師이고, 화불化佛이다.

최존最尊 최상最上의 묘문妙門이고
헤아릴 수도 없고 끝도 없는 공덕이자
위대하고 훌륭한 믿음이니라.

오직 이 나무아미타불 여섯 자를 마음속에 품어서 늘 잃지
말아야 한다. 생각 생각마다 늘 앞에 나타나고, 항상 마음에
서 떠나지 아니하여, 일이 없어도 이와 같이 염불하고, 일이
있어도 이와 같이 염불하며, 안락할 때도 이와 같이 염불하
고, 병고病苦가 있을 때도 이와 같이 염불하며, 살았을 때에
도 이렇게 염불하고, 죽어서도 이렇게 염불하여, 이와 같이
한 생각이 분명하면 무엇을 다시 남에게 물어서 갈 길을 찾
으랴. 이른바 오직 아미타불만 생각하면서 다른 생각 없으면
손가락 튕길 수고도 없이 서방극락 세계에 가느니라.」

昔有人問六祖大師 念佛有何利益 六祖答曰 念此一句南無阿彌陀佛 是爲萬世出世之妙道
成佛作祖之正因 是三界人天之眼目 是明心見性之慧燈 是破地獄之猛將 斬群邪之寶劍
五千大藏之骨髓 八萬總持之要門 十方虛空之無際 廣大一性之圓明 開黑暗之明燈 脫生
死之良方 渡苦海之舟航 出三界之徑路 是本性彌陀 是唯心淨土 卽是本師 卽是化佛 最
尊最上之妙門 無量無邊之功德諸大善信 但要記得這一句阿彌陀佛在懷 莫教失落 念念常
現前 時時不離心 無事也如是 有事也如是 安樂也如是 病苦也如是 生也如是 死也如是
一念分明 有何問人覓歸之途 所謂一句彌陀無別念 不勞彈指到西方

– 《선정쌍수집요(禪淨雙修集要)》

영명 연수선사의 선정사료간禪淨四料簡

有禪有淨土　참선수행도 하고 염불수행도 하면
猶如戴角虎　마치 뿔 달린 호랑이 같아
現世爲人師　현세에 사람들의 스승이 되고
來世作佛祖　장래에 부처나 조사祖師가 될 것이다.

無禪有淨土　참선수행은 없더라도 염불수행만 있으면
萬修萬人去　만 사람이 닦아 만 사람이 모두 가나니
若得見彌陀　단지 가서 아미타불을 뵙기만 한다면
何愁不開悟　어찌 깨닫지 못할까 근심 걱정 하리오.

有禪無淨土　참선수행만 있고 염불수행이 없으면
十人九蹉路　열 사람 중 아홉은 길에서 자빠지나니
陰境若現前　저승 경지가 눈앞에 나타나면
瞥爾隨他去　눈 깜짝할 사이 그만 휩쓸려 가버리리.

無禪無淨土　참선수행도 없고 염불수행도 없으면
鐵床竝銅柱　쇠침대 위에서 구리기둥 껴안는 격이니
萬劫與千生　억 만겁이 지나고 천만 생을 거치도록
沒箇人依怙　믿고 의지할 사람 몸 하나 얻지 못하리.

* 사료간(四料簡)이란 네 수로 된 게송(偈頌)을 말한다. 게송이란 불보살이나 부처님의 말씀 또는 성현들을 찬탄하는 짧은 시(詩)를 말한다.

* 인광대사는 영명연수와 〈선정사료간〉에 대해 「영명대사는 고불(古佛)의 화신(化身)으로, 원력(願力)을 타고 세상에 나오신 분이오. 이 분이 바야흐로 뚜렷한 말로 가르침을 설하고, 글로 써서 널리 전하게 되었소. 그러고도 수행자들이 길을 뚜렷이 구별하지 못해 이해득실이 혼란스러워질까 두려워하여, 사료간이라는 게송 한 편을 지어 간단명료하고 지극한 마음으로 설법하셨소. 이 사료간은 팔만대장경의 으뜸 요강이자 갈림길을 바로 인도하는 스승이오. 수행자들에게 80자밖에 안 되는 짧은 게송으로 생사윤회를 벗어나 열반을 증득하는 요긴한 길을 단박에 깨닫도록 이끄시니, 중생을 제도하려는 그의 노파심(老婆心)은 천고(千古)에 다시없을 것이오.[永明大師 以古佛身 乘願出世 方顯垂言教 著書傳揚 又恐學者路頭不清 利害混亂 遂極力說出一四料簡偈 可謂提大藏之綱宗 作歧途之導師 使學者于八十字中 頓悟出生死證涅槃之要道 其救世婆心 千古未有也]」라고 하였다.

* 인광대사는 「영명대사는 아미타불의 화신이신데, 중생을 일깨워 건지기 위하여 대자대비를 베푸셨소. 사료간은 사바고해를 건너는 자비로운 항공모함이며 대장경의 핵심요점이자 수행의 귀감이오.」라고 하였다.

* 철오선사는 「이 사료간은 진리의 말씀이고 진실한 말씀이며 대자대비심에서 창자가 끊어지듯 비통하게 눈물을 흘리시며 토하신 말씀이다. 수행인이라면 이 말씀을 소홀히 보아 넘기지 않아야 한다.」라고 하였다.

영명연수선사의 정토법문

누가 묻기를, 「견성見性해서 도道를 깨치면 생사를 벗어나거늘, 하필 생각을 한 곳에 집중하고 아미타불을 불러 서방정토에 나라고 하십니까.」

답하노라. 「수행하는 사람은 참으로 잘 살필지니라. 사람이 물을 마셔 보아야 차고 뜨거움을 아는 거와 같이, 이제 귀감을 두어 많은 의혹을 깨뜨리노라. 모든 어진이여, 자기의 행해行解를 마땅히 관觀하여 보아라. 견성하고 도를 깨쳐 부처님 수기授記를 받고, 조사祖師의 맥을 잇기를 능히 마명馬鳴이나 용수龍樹와 같이 할 수 있는가. 걸림 없는 변재辯才를 얻고 법화삼매法華三昧를 증득하기를 능히 천태 지자智者와 같겠는가. 모든 가르침에서 다 내세우는 행해겸수行解兼修를, 남악南嶽 혜충慧忠국사와 같이 닦을 수 있겠는가. 이 모든 대사들께서 말과 교教를 펴 왕생을 권하였으니, 이것은 나도 이롭고 다른 이도 이롭게 하기 위함이다. 어찌 나와 남을 그르치기 좋아 하리오. 하물며 부처님께서 간절하게 입으로 찬탄하시고, 옛 성현들도 부처님의 가르침을 좇아 절대로 어기지 않았다.

〈왕생전〉에 실린 대덕大德과 그들이 남긴 기이한 자취가 한없이 많으니 잘 보면 알 것이다. 스스로 비추어보고 또 스스로 헤아려보건대, 목숨을 마칠 때에 생사왕래를 자재自在

할 수 있는가. 시작도 없는 때로부터 지은 악업의 중한 장애가 나타나지 않겠는가. 현재 이 몸이 능히 윤회를 벗어나겠는가. 삼악도 여러 길 가운데를 자유로 오고 가되 절대로 고뇌가 없겠는가. 천상의 인간과 시방 세계에 마음대로 의탁하되 절대로 장애가 없겠는가. 이를 확실히 알아서 자신이 있고 그와 같이 하려면 어찌 잘 해야 하는지 알면 괜찮지만, 만일 그렇지 못할진대 한때 교만한 마음으로 영겁의 고통을 장만하고 자신의 선과 이익을 잃어버리니 장차 누구를 원망하리오. 슬프고 슬프도다.」

問但見性悟道 便超生死 何用繫念彼佛 求生他土
答眞修行人 應自審察 如人飮水 冷暖自知 今存龜鑑 以破多惑 諸仁者 當觀自己行解 見性悟道 受如來記 紹祖師位 能如馬鳴龍樹否 得無礙辯才 證法華三昧 能如天台智者否 宗說皆通 行解兼修 能如忠國師否 此諸大士 皆明垂言教 深勸往生 蓋是自利利他 豈肯誤人自誤 況大雄讚歎 金口叮嚀 希從昔賢 恭稟佛敕 定不謬誤也 如往生傳所載 古今高士事蹟 顯著非一 宜勤觀覽 以自照知 又當自度 臨終之時 生死去住 定得自在否 自無始來 惡業重障 定不現前否 此一報身 定脫輪廻否 三途惡道 異類中行 出沒自由 定無苦惱否 天上人間 十方世界 隨意寄託 定無滯礙否 若也了了自信得及 何善如之 若其未也 莫以一時貢高 卻致永劫沈淪 自失善利 將復尤誰 嗚呼哀哉

부처님 존호尊號를 염념하는 가르침은 경전에 널리 밝혀져 있다. 실로 한번만이라도 부처님의 명호를 염하면 진사겁塵沙劫[53]의 죄를 소멸하고, 십념十念을 갖추면 몸이 정토에 나서 영원히 위급한 환난에서 구제된다. 업장이 녹고 원액(寃厄: 원통과 재앙)이 소멸하여 길이 고통의 나루를 헤어날 뿐만 아니라, 이 인연에 의탁依托한다면 마침내 각해覺海에 도달한다.

그러므로 경經에도 「만일 어떤 사람이 산란한 마음으로 탑묘중塔廟中에 들어가 단 한번 '나무불南無佛'이라고 부를

---

53) 진사겁(塵沙劫) : 한없이 많은 티끌과 모래와 같이 무궁토록 긴 시간을 말한다.

지라도 모두가 그 인연으로 마침내는 불도佛道를 이루게 된다.」 하였고, 또 「부처님의 명호를 받들어 지니는 이는 누구나 제불諸佛께서 호념護念하여 주신다.」 고 한 것이다.

《보적경寶積經》에서는 「높은 소리로 염불하면 마군들이 모두 두려워 흩어진다.」 하였고, 《문수반야경文殊般若經》에서는 「수행하는 이가 스스로 우둔해서 능히 관觀하지 못한다면, 다만 생각과 소리만 계속 이어지게 하라. 그래도 반드시 불국토에 왕생할 수 있으리라.」 하였으며,

〈대지도론〉에서는 「비유컨대, 어떤 사람이 태어날 때부터 곧 날마다 천리 길을 일천 년 동안 다녀서 그 안에 칠보를 가득히 채워 부처님께 공양한다 해도, 어떤 이가 이 뒤의 악세惡世에서 단 한번 부처님의 명호를 일컬어 염하는 것만 같지 못하니, 왜냐하면 이 사람의 복이 저 앞의 사람보다 더욱 뛰어나기 때문이다.」 하였다.

또 《대품경大品經》에서는 「만일 어떤 사람이 산란한 마음으로라도 염불을 한다면, 곧 고액苦厄이 없어지고 그 복이 다함없는 데 이를 것이다.」 하였고, 《증일아함경》에는 「한 염부제[54]의 온갖 중생을 사사四事[55]로 이바지한다면 공덕이 한량이 없으리라. 그러나 만일 어떤 이가 착한 마음을 계속 이어나가면서 부처님의 명호를 잠시 동안만이라도 부른다면 그의 공덕은 위의 비유를 훨씬 지나서 생각할 수도 없고 헤아릴 수도 없을 것이다.」 하였다.

念尊號教有明文 唱一聲而罪滅塵沙 具十念而形棲淨土 拯危拔難 殄障消冤 非但一期暫拔苦津 託此因緣終投覺海 故經云 若人散亂心 入於塔廟中 一稱南無佛 皆已成佛道 又經云

---

54) 염부제(閻浮提) : 우리 인간이 살고 있는 남염부제를 말한다. 사바세계라고도 한다.
55) 스님 혹은 수행자에게 바치는 음식, 의복, 와구(또는 침구), 의약을 일컫는다.

受持佛名者　皆爲一切諸佛共所護念　寶積經云　高聲念佛　魔軍退散　文殊般若經云　衆生愚鈍　觀不能解　但令念聲相續　自得往生佛國　智論云　譬如有人初生墮地　卽得日行千里　足一千年滿中七寶　以用施佛　不如有人於後惡世稱一佛聲其福過彼　大品經云　若人散心念佛　乃至畢苦　其福不盡　增一阿含經云　四事供養　一閻浮提一切衆生功德無量　若有衆生　善心相續　稱佛名號　如一□牛乳頃　所得功德過上不可思議　無能量者

　　　　　　－ 영명연수선사의　〈만선동귀집萬善同歸集〉

마음이 끊어져야
자성미타가 나타난다

태고보우(太古普愚, 1301~1382)선사

아미타불의 이름을 마음속에 두어 언제나 잊지 않고, 생각 생각에 틈이 없도록 간절히 참구하고 간절히 참구하라. 그리하여 생각과 뜻이 다하거든 '염(念)하는 이놈이 누구인가?' 하고 관찰하라. 이렇게 자세히 참구하고 또 참구하여, 이 마음이 홀연히 끊어지면, 자성미타(自性彌陀)가 앞에 우뚝 나타날 것이니 힘쓰고 힘쓰라.

마음이 청정한 것은 이 불토(佛土)가 청정한 것이요, 내 본성이 나타나는 것을 불신(佛身)이 나타난다고 하는 것이다. 이것이 바른 해석이다. 아미타불의 청정미묘한 법신이 두루 일체중생의 마음자리에 본래 갖추어 있기 때문에 '심불급중생(心佛及衆生)이 시삼무차별(是三無差別)이라'. 마음이나 부처나 중생이나 세 가지가 차별이 본래 없는 것이다. 따라서 마음이 곧 부처요, 부처가 바로 마음이라. 마음 밖에 부처가 없고, 부처 밖에 마음이 없도다. 이와 같이 진실한 염불을 할 때는 밤낮으로 행주좌와에 아미타불의 명호를 마음이나 눈 앞에 붙여 두어라.

– 《태고어록》

밝게 깨달아
온갖 생각 끊어져야
참 염불

보조지눌(普照知訥, 1158~1210)국사

　　요즘 사람들은 그 마음이 흐리고 어두워서 욕망에 물든 삶의 버릇이 짙고 두텁기만 합니다. 그래서 오래도록 어둠에 막히고 길이 애욕에 빠져 온갖 괴로움에서 벗어나지 못하고 있습니다. 만약 저들이 벗과 같은 스승이나 스승과 같은 벗의 깨우쳐 줌을 따르지 않는다면 끝내 괴로움을 벗어나는 참 행복을 얻기란 참으로 어렵고 어려운 일입니다.

　　나는 여러분들이 지난 날 저지른 잘못들을 잘 일깨워 주는 좋은 벗이 되고 싶습니다. 그래서 여러분이 다섯 가지 잘못된 마음의 흐름을 편히 쉬고 행복한 삶을 가로막고 있는 다섯 가지 장애들을 밝게 안 뒤 다섯 가지 어둡고 흐린 삶을 훌쩍 뛰어넘어, 극락정토에 있는 아홉 층의 연꽃 좌대(座臺) 위로 둥근 보름달처럼 밝게 떠오르게 하고 싶습니다.

　　여러분들은 부디 뜻을 모아 내 말에 귀를 기울여 주십시오.

다섯 갈래 잘못된 마음의 흐름을 편히 쉬게 하는 길인 오정심(五停心)이란 무엇입니까?

첫째는 탐심이 많은 중생들로 하여금 사랑하는 나의 몸이 깨끗하지 않음을 보게 함이요, 두 번째는 화 잘 내는 중생들로 하여금 들이쉬고 내쉬는 숨길을 보게 함이요, 세 번째는 마음이 어지러운 중생들로 하여금 들이쉬고 내쉬는 숨길을 보게 함이요, 네 번째는 어리석은 중생들로 하여금 끝없는 인연의 바다를 보게 함이요, 다섯 번째는 살아가는데 장애가 많은 중생들로 하여금 부처님의 이름과 모습이 끊임없이 피어나고 있음을 밝게 보게 함이 그것들입니다.

그러나 이 다섯 가지 잘못된 마음의 흐름이 멈춘다 해도 세상의 인연을 여의지 못하는 이는 다시 다섯 가지 장애에 걸리고 맙니다. 다섯 가지 장애란 무엇입니까?

첫째는 애욕이 끊임없이 흐르는 번뇌의 장애인 번뇌장(煩惱障)이요,

두 번째는 진리라는 것에 덥석 집착하는 앎의 장애인 소지장(所知障)이요,

세 번째는 몸뚱이를 아끼고 사랑해서 갖가지 업을 지어 만든 과보의 장애인 보장(報障)이요,

네 번째는 아무 생각 없이 고요함만을 지키는 이치의 장애인 이장(理障)요,

다섯 번째는 이런 저런 사물들을 헤아려 따지는 사물의 장애인 사장(事障)이 그것들입니다.

그리고 이 다섯 가지 장애들을 밝게 깨닫지 못하면 다

섯 가지 어둡고 흐린 삶에 걸려들어 헤어나지 못하게 됩니다. 다섯 가지 어둡고 흐린 삶인 오탁(五濁)이란 무엇입니까?

첫 번째는 한 생각이 일어나자마자 공과 색의 참 모습을 알지 못하게 되는, 시간의 어두움인 겁탁(劫濁)을 어지럽히는, 생각의 어두움인 견탁(見濁)입니다. 세 번째는 어지럽게 그릇된 생각을 일으켜, 앎을 내서 바깥 세계를 지어내는, 번뇌의 어두움인 번뇌탁(煩惱濁)입니다. 네 번째는 일어나고 사라짐이 쉬지 않고 생각 생각에 흐르는, 중생의 어두움인 중생탁(衆生濁)입니다. 다섯 번째는 저마다 의식의 시킴을 받으면서도 그 근원을 돌아보지 않는, 목숨의 어두움인 명탁(命濁)입니다.

이 다섯 가지 잘못된 마음의 흐름을 쉬지 않으면 어떻게 다섯 가지 장애를 밝게 알겠습니까. 또 다섯 가지 장애를 밝게 알지 못한다면 다섯 가지 어둡고 흐린 삶을 어찌 맑게 할 수 있겠습니까? 다섯 가지 잘못된 마음의 흐름을 쉬지 않는 이는 장애도 많고 어둡고 흐림 또한 클 것입니다.

그러므로 이런 이들은 반드시 열 가지 염불삼매의 힘으로 점차 청정한 계율의 문에 들어가야 티 없이 깨끗한 삶을 생각 생각마다 이루게 됩니다. 이렇게 된 뒤에야 잘못된 마음의 흐름을 편히 쉬어서 저 다섯 가지 장애와 다섯 가지 어둡고 흐린 삶을 훌쩍 뛰어넘어 곧바로 극락세계에 이룰 수 있습니다. 그리고는 세 가지 새어나감이 없는 배움인 삼무루학(三無漏學)을 맑게 닦아서 저 아미타부처님의 위없는 큰 깨달음을 함께 증득할 수 있는 것입니다.

이와 같은 아미타불의 큰 깨달음을 증득하려면 마땅히 열 가지 염불을 수행(修行)해야 합니다. 열 가지 염불이란 어떤 것입니까.

몸가짐의 염불인 계신염불(戒身念佛),
말가짐의 염불인 계구염불(戒口念佛),
마음가짐의 염불인 계의염불(戒意念佛),
움직이면서 하는 동억염불(動憶念佛),
움직이지 않고 하는 정억염불(靜憶念佛),
말하면서 하는 어지염불(語持念佛),
말하지 않고 하는 묵지염불(默持念佛),
부처님 모습을 그리면서 하는 관상염불(觀想念佛),
무심하게 하는 무심염불(無心念佛),
부처님이 부처님을 염(念)하는 진여염불(眞如念佛)
등이 그것들입니다.

이 열 가지 염불은 모두 한결같은 참 깨달음의 자리에서 피어나 부처님과 하나를 이루게 하는, 더할 수 없이 지극한 수행법입니다.

그러므로 염불에서 말하는 염(念)이란 바로 지킴(守)을 뜻합니다. 참 성품을 늘 드러나게 하고 끝없이 기르려면 그것을 지키어 잃어버리지 않아야 합니다.

그리고 염불에서 말하는 불(佛)이란 깨달음이라는 뜻입니다. 깨달음이란 참 마음을 밝게 비춰서, 늘 깨어 있어 어둡지 않음을 말합니다.

그러므로 한결같은 무념(無念)으로 밝고 뚜렷하게 깨닫고 이렇듯 밝고 뚜렷하게 깨달으면 온갖 생각이 끊어지니 이것을 일러 참 염불(念佛)이라 합니다.

열 가지 염불이란 어떤 것들입니까?

첫 번째는 **몸가짐의 염불인 계신염불(戒身念佛)**입니다. 죽이고, 훔치고, 삿된 음행하는 짓들을 말끔히 없애어 몸을 청정하게 해서 계율의 거울이 밝고 뚜렷해지게 합니다. 그런 뒤 몸을 단정히 하고 바르게 앉아서 합장하고 서쪽을 향해 마음 다해 공경히 '나무 아미타불'을 염(念)하되, 그 수가 끝이 없도록 합니다. 그리하여 생각 생각에 끊어짐이 없어 마침내 앉아 있음마저 없어져서, 앉아 있지 않을 때도 염하는 일이 한결같이 밝고 분명합니다. 이를 계신염불이라고 합니다.

두 번째는 **입을 경계하는 염불인 계구염불(戒口念佛)**입니다. 실없는 말, 속이는 말, 두 말, 험한 말들을 말끔히 없애고 입을 굳게 지켜 마음을 거둡니다. 몸을 청정하게 입을 깨끗이 한 뒤에 마음을 다해 공경히 '나무 아미타불'을 염하되 그 수가 끝이 없도록 합니다. 그리하여 생각 생각에 끊어짐이 없어 마침내 입마저 없어져 입으로 부르지 않을 때에도 스스로 염하는 일이 밝고 분명합니다. 이를 계의염불(戒意念佛)입니다.

세 번째 **뜻을 경계하면서 하는 계의염불(戒意念佛)**입니다. 사람이 욕심부리고, 화내고, 어리석은 마음을 말끔히 없애고 뜻을 거두고 마음을 맑게 하는 것입니다. 마음 거울에 번뇌의 때가 사라진 뒤에 마음을 다해 깊게 '나무 아미타불'을 염하되 그 수가 끝이 없도록 합니다. 그리하여 생각 생각에 끊어짐이 없어 마침내 마음마저 없어져 마음을 내지 않을 때에도 스스로 염하는 일이 밝고 분명합니다. 이를 계의염불이라 합니다.

네 번째는 **행동하고 기억하면서 하는 동억염불(動憶念佛)**입니다. 열 가지 모질고 나쁜 짓거리를 말끔히 없애고 열 가지 계를 올바로 지닙니다. 움직이고 오고 감에 한 틈에도 염불하고 찰라에 염불하여 마음 다해 늘 '나무아미타불'을 염하되 그 수가 끝이 없도록 합니다. 그리하여 생각 생각에 끊어짐이 없어 마침내 움직임이 다해서, 움직임이 없을 때에도 스스로 염하는 일이 밝고 분명합니다. 이를 동억염불이라 합니다.

다섯 번째는 **행위를 정지한 가운데 기억하는 정억염불(靜憶念佛)**입니다. 저 열 가지 계율이 이미 깨끗해져서, 고요할 때나 일없을 때나 깊은 밤 홀로 있을 때나 염불하는 마음이 한결같아 마음을 다해 '나무 아미타불'을 염하는 일이 밝고 분명합니다. 이를 정억염불이라 합니다.

여섯 번째는 **말을 유지하면서 하는 어지염불(語持念佛)**입니다. 사람을 맞이해 말을 나누고, 아이를 부르며, 함께 일하고, 일을 시킴에 밖으로는 그런 일들을 따르되 안으로는 염불하는 마음이 흔들림이 없습니다. 한마음으로 '나무 아미타불'을 고요히 염하되 그 수가 끝이 없도록 합니다. 그리하여 생각 생각에 끊어짐이 없어 마침내 말이 없어져서 말을 하지 않을 때도 스스로 염하는 일이 밝고 분명합니다. 이를 어지염불이라 합니다.

일곱 번째는 **말이 없이 유지하면서 하는 묵지염불(默持念佛)**입니다. 입으로 부르면서 하는 염이 다하고 다해 생각의 때가 없이 염하되 그 수가 끝이 없도록 합니다. 그리하여 생각 생각에 끊어짐이 없어 끝에 말없음마저 없어져 염하지 않을 때에도 스스로 염하는 일이 밝고 분명합니다. 이를 묵지염불이라 합니다.

여덟 번째는 **부처님의 거룩한 덕(32상, 18불공법)을 생각하면서 하는 관상염불(觀想念佛)**입니다. 저 부처님의 몸이 법계에 가득하며 묘한 광명 눈부신 금빛이 모든 중생들 앞에 두루 나타남을 관합니다. 또 부처님의 맑고 밝은 자비의 광명이 나의 몸과 마음을 비추고 계심을 깨닫습니다. 눈을 감아도 눈을 떠도 보이는 것 들리는 것들이 모두 부처님의 빛임을 밝게 깨달아서, 뜻을 다하고 정성을 다해 한결같은 마음으로 '나무 아미타불'을 끝까지 염하되 그 수가 끝이 없도록 합니다. 그리하여 생각 생각에 끊어짐이 없어 하루 내내 다니고 머물고 앉고 누움에 늘 삼가고 늘 깨어서 찰나도 어둡지가 않습니다. 이를 관상염불이라 합니다.

아홉 번째는 **무심히 하는 무심염불(無心念佛)**입니다. 염불하는 마음이 오래 되어 공을 이루면 차차로 무심삼매(無心三昧)를 얻게 됩니다. 생각의 때가 없는 진실한 염이 애쓰지 않아도 저절로 뚜렷해집니다. 받음이 없이 받아들이고 함이 없이 다 이룹니다. 이를 무심염불이라 합니다.

열 번째는 **부처님이 부처님을 염하는 진여염불(眞如念佛)**입니다. 염불하는 마음이 이미 끝머리에 이르러 깨달음이 없이 깨닫습니다. 스스로 심(心), 의(意), 식(識)이

본래 텅 빈 것임을 알아서, 한 가지 밝은 성품이 움직이지 않습니다. 모자람 없는 깨달음의 큰 지혜가 밝고 뚜렷하게 드러납니다. 이를 진여염불이라 합니다.

염불하는 이치가 이와 같으니, 만약 먼저 열 가지 악(惡)과 저 여덟 가지 행복한 삶의 길인 팔정도(八正道)에 맞서는 여덟 가지 그릇됨을 끊어 버리지 않는다면 어떻게 저 열 가지 계율의 맑고 깨끗함을 따를 수 있겠습니까? 또 몸이 맑고 깨끗하고 계율의 거울이 환히 밝지 않으면 어떻게 저 열 가지 염불법과 한 몸이 되겠습니까? 그러니 몸을 맑고 깨끗하게 한 뒤에야 진리의 온갖 보배들을 쌓고 모을 수 있으며, 계율의 거울을 환히 밝게 한 뒤에야 부처님께서 자비의 빛을 드리워 주실 것입니다.
부처님께서는 이렇게 말씀하셨습니다.
"가장 뛰어난 맛을 지닌 제호(醍醐: 우유에 갈분(葛粉)을 타서 쑨 귀한 죽)를 얻더라도 보배 그릇이 아니면 그것을 담아 두기 어렵다."
그러니 염불하는 수행자가 몸이 청정하고 계율의 거울이 밝고 뚜렷하면 어떻게 진리의 오묘한 맛을 부처님만이 담아 지닐 수 있다고 하겠습니까?
요즘음 욕심이 많은 옳지 못한 무리들이 열 가지 악(惡)과 여덟 가지 그릇됨을 끊지 않고, 또 다섯 가지 계율과 열 가지 선행을 닦지 않고도 그릇된 앎과 혼자만의 생각으로 헛되이 염불수행법을 찾아 그릇된 바람들을 드러내 놓고 극락세계에 태어나고자 합니다. 이것은 모난 나무로 둥근 구멍을 막으려는 것과 같습니다.
이런 사람들은 스스로는 염불수행을 한다고 생각할지 몰라도 부처님의 뜻이야 어찌 그런 삿된 생각과 함께 하시겠습니까. 쉼 없이 파계(破戒)하는 몸으로 순간순간 부처님을 비방하면서도 되려 실없이 참되고 깨끗한 세계를 구하는 죄는 참으로 풀어 줄 수 없고 무겁기 그지없는 죄인 것입니다. 죽어 지옥에 떨어져 스스로 몸과 마음을 해치는 것이 이 누구의 허물이겠습니까?

여러분은 계율로 벗을 삼고 이제까지 밝힌 이치를 거울 삼아 비춰 보고, 먼저 열 가지 악(惡)과 여덟 가지 그릇됨을 끊고 이어서 다섯 가지 계율과 열 가지 착함을 굳게 지녀서 앞서 저지른 잘못들을 참회하고 깨달음의 열매 얻기를 굳게 다짐해야 합니다.

그리고 그런 다짐과 더불어 힘쓰고 애쓰며, 나고 죽음을 벗어나겠다는 뜻을 굳게 다져야 합니다. 해마다 선악의 업이 드러난다니 정월, 오월, 구월에 하는 수행을 닦듯이 염불수행을 놓지 않아야 합니다. 또 날씨가 엇바뀌는 여덟 절기마다 염불수행을 새롭고 새롭게 힘써 닦아야 합니다. 그리고 달마다 여섯 재일(齋日)의 가르침을 본받아 저 열 가지 염불로 참 살림살이를 삼아야 합니다.

오래 공들이고, 있는 힘을 다 모아 저 진여염불(眞如念佛)과 하나를 이루면 날마다 시간마다 가고 오고 앉고 누움에 아미타불의 참 모습이 그윽이 앞에 나타나셔서 그대 머리 위에 향기로운 손을 얹으시고 길이 길이 피어나는 큰 기쁨을 주실 것입니다.

또 목숨을 마칠 때에 이르러서는 아미타부처님께서 몸소 극락세계의 아홉 층 연꽃 좌대(座臺)로 맞아들이시어 반드시 가장 뛰어난 저 아홉 번째 연꽃 좌대(座臺)에서 여러분을 맡으시고 길이길이 그 곳에 머물게 하실 것이니, 아, 부디 애쓰고 또 애쓰십시오.

- 《염불요문(念佛要門)》

念佛要門

蓋夫末世中生 根性昏鈍 欲習濃厚 故 久滯 淪 末免衆苦 不憑師友之 難得脫苦之 樂. 由是 我 汝等之前非 令獲五念之停息 通達五障 然後 令超五濁 登九蓮上 汝須 專志 聽我言. 其五停心者 一 多貪衆生不淨觀. 二 多嗔衆生慈悲觀. 三 多散衆生數 息觀. 四 愚痴衆生因緣觀. 五 多障衆生念佛觀. 此五念雖停 末離世緣 故 滯於五障 也. 其五障者 一 相續愛欲 名煩惱障. 二 要執法門 名所知障.

三 愛身造業 名報障. 四 無心守靜 命理障. 五 通察萬法 命事障. 此五障不通 故 滯 在五濁也. 其五濁者 一 一 念初動 不分空色 名劫濁. 二 見覺紛起 泊擾湛性 名見 濁. 三 煩起邪念 發知現塵 命煩惱濁 四 生滅不停 念念遷流 命衆生濁. 五 命受識 命 不顧其源 名命濁. 不停五念 則五障何通 五障不通 則五濁ᅌ清. 是以 五念不停 者 多障多濁 故 必以十種念佛三昧之力 漸入淸淨戒門 戒器純淸 一念相應 然後 何 得停心超於障濁 直到極樂 淨修三無漏學 同等彌陀無上大覺也. 是以 欲證斯道 應修 十種念佛 何等爲十. 一 戒身念佛. 二 戒口念佛. 三 戒意念佛. 四 同憶念佛. 五 靜 憶念佛. 六 語持念佛. 七 黙持念佛. 八 觀想念佛. 九 無心念佛. 十 眞如念佛. 如是 十種念佛 皆一念眞覺之所發 而成念極功也. 故 念者守也 存養眞性 要守不忘也. 佛 者覺也 省照眞心 常覺不昧也. 故 無念之一念 覺了圓明 圓明絶盧 是謂眞念佛也. 第一 戒身念佛者 當除殺盜狀 身器淸淨 戒鑑圓明而後 端身正坐合掌面事 一心欽念 南無阿彌陀佛 數無窮盡 念無間斷 乃至 坐忘非坐一念現前時 名爲戒身念佛. 第二 戒口念佛者 當除妄語綺語兩舌惡口 守口攝意 身淸口淨而後 一心敬念南無阿彌陀佛 數無窮盡 念無間斷 乃至口忘非口 自念現前時 名爲戒口念佛. 第三 戒意念佛者 當 除貪嗔痴慢 攝意澄心 心鑑無思而後 一念深念南無阿彌陀佛 數無窮盡 念無間斷 乃 至 意忘非意 自念現前時 名爲戒意念佛. 第四 動憶念佛者 當除十惡 正持十戒 於動 用周族 造次顚時 一念想念南無阿彌陀佛 數無窮盡 念無間斷 乃至 動極不動 自念 現前時 名爲動憶念佛. 第五 靜憶念佛者 十戒旣淨 一念不亂 於靜身閑事 幽夜獨處 一念專念南無阿彌陀佛 數無窮盡 念無間斷乃至 靜極則動 自念擧時 名爲靜憶念佛. 第六 語持念佛者 對人接話 呼童警僕 外感隨順 內念不動 一念情念南無阿彌陀佛. 第七 黙持念佛者 口誦持念旣極 無思持念黙契 夢覺不昧 動靜恒憶 一念黙念南無阿 彌陀佛 數無窮盡念無間斷 乃至 黙忘不念 自念擧時 名爲黙持念佛. 第八觀想念佛者 觀彼佛身 充滿於法界 妙光金色普賢於群生前 想知佛光 照我身心 俯仰觀聽 要非他 物 至意至誠 一念極念南無阿彌陀佛 數無窮盡 念無間斷 於十二時中 四威儀內 常 敬不昧 是名觀想念佛. 第九 無心念佛者 念佛之心 久化成功 漸得無心三昧 無念之 念 不擧而自擧 無思之智 非圓而自圓 不受而受 無爲而成 是名無心念佛. 第十 眞如 念佛者 念佛之心旣極 無要之要自要 三心頓空 一性不動 圓覺大智朗然獨尊 是名眞 如念佛. 若非先斷十惡八師者 奚順於十戒淸淨 又非身器淸淨 戒鑑圓明者 何契於十 種念佛. 是以身旣淸淨 然後可以貯凝法藏 戒鑑圓明 然後可以佛應照著. 故 經云

「雖得醍 眞上味 若非寶器貯凝難.」今此念佛之人 身器淸淨 戒鑑圓明豈佛能儲凝眞
法味者乎. 近來 白衣邪徒 不斷十惡八邪 不修五戒十善 以曲會私情 妄求念佛 披露
邪願 欲生四方 是乃 如將方木逗圓孔也.如此之人 自意受持其念佛 佛意何契其邪念
乎. 是以 破戒謗佛妄求眞淨之罪 幽結極重 故 死隨地獄 自傷身心 是雖過歟. 汝等
戒侶觀鑑于玆 先斷十惡八邪 次持五戒十善 懺悔前非 願盟後果 參結同心 志定死生
持年三長守節八交 交月六齊 須以十種念佛爲業 九功積功泊合眞如念佛 則日日時時
行住坐臥 阿彌陀佛眞體 冥現其前 摩頂授記. 若於臨命終時 親迎極樂 於九品蓮臺
必以上品相對而住 珍重.

염불로
생사의 뿌리를
일념마다 잘라나가라

감산(憨山, 1546-1623) 대사

염불 수행으로 극락정토에 왕생하길 구하는 법문은, 원래 생사 윤회를 끝마치려는 큰 사업입니다. 그래서 "염불은 생사 윤회를 끝마친다."고 말합니다. 지금 사람들이 마음을 내는 것도 생사 윤회를 끝마치기 위하여 바야흐로 염불하려는 것입니다.

그런데 단지 부처님께서 염불이 생사 윤회를 끝마쳐 주실 수 있다고만 말할 뿐, 도대체 생사 윤회의 뿌리를 끊어 버리지 못한다면, 결국 어느 곳을 향해 염불한단 말입니까? 그리고 만약 염불하는 마음이 생사 윤회의 뿌리를 끊어 버리지 못한다면, 어떻게 생사 윤회를 끝마칠 수 있겠습니까?

그러면 도대체 어떤 것이 생사 윤회의 뿌리란 말입니까?

고인들이 말씀하시길, "업장이 무겁지 않으면 사바고해에 태어나지 아니하고, 애욕이 끊어지지 않으면 극락정토에 왕생하지 못한다."고 하셨습니다. 따라서 애욕의 뿌리가 생사 윤회의 근원임을 알 수 있습니다. 일체 중생이 생사 윤회의 고통을 받는 것은 모두 애욕의 허물일 따름입니다.

이 애욕의 뿌리를 더듬어 올라가 보면, 금생에 비로소 생긴 것도 아니고, 과거 한두 생이나 서너 생 전부터 있었던 것도 아닙니다. 이는 시작도 없는 까마득한 옛날에 최초로 생사가 있는 때부터 줄곧 세세생생 끝없이 몸을 받았다가 다시 버리기를 되풀이해 온 것으로, 이 모두가 애욕 때문에 돌고 또 돌아 오늘에까지 이른 것입니다.

그런데 오늘에사 바야흐로 염불 좀 하겠다고 마음을 내면서, 단지 부질없이 서방 정토에 왕생하기만을 기원하며, 애욕이 생사 윤회의 뿌리라는 말조차 모른다면, 어떻게 한 순간이라도 그 뿌리를 끊을 수 있겠습니까?

그리고 생사 윤회의 뿌리를 모른다면, 한쪽에서는 열심히 한답시고 염불하더라도, 임종 때에 눈앞에 나타나는 것은 단지 생사 윤회의 뿌리가 계속 자라나게 됩니다. 이와 같이 염불하는 것은 생사 윤회와 서로 아무 상관도 없으며, 이러한 염불은 여러분이 어떻게 하시든지 간에, 임종 때까지 꾸준히 염불하더라도, 임종 때에 눈앞에 나타나는 것은 단지 생사 윤회하는 애욕의 뿌리일 것입니다.

그때사 비로서 염불에 아무런 힘도 얻지 못함을 알게 되고 부처님이 전혀 영험하지 않다고 원망해 봤자, 그때는 후회해도 늦을 것입니다.

그래서 제가 권하노니, 이제 염불하는 사람들은 먼저 애욕의 뿌리를 끊어 나가십시오. 지금 당장부터 눈앞에서 바로 해 보십시오.

집에서 염불하는 재가 불자들한테는, 눈에 보이는 자녀·손자·재산 등 어느 것 하나 사랑스럽지 않은 게 없습니다. 그러한즉, 어느 한 가지 일이나 어느 한 순간도 생사 윤회에 대한 산 교훈이 아닌 게 없습니다. 마치 온몸이 불구덩이 속에 떨어져 타오르는 것처럼!

보통 사람들은 염불하는 순간에 더 마음속에 있는 애욕의 뿌리를 한 순간도 염두에서 놓아 버린 적이 없는 줄조차 모릅니다. 그러한 염불은 하더라도 절실하지 못한 염불이라고밖에 말할 수가 없습니다. 그런 염불은 겉보기에만 염불일 따름이며, 실질상 애욕이 주된 알맹이입니다. 단지 입으로만 염불한다고 할 뿐, 생각으로는 애욕이 자꾸 자라나는 것입니다.

가령 염불할 때 자녀들에 대한 애정이 눈앞에 나타나거든, 마음의 빛으로 스스로를 되돌이켜 보면서, 이렇게 물어 보십시오.

"이 염불 소리가 과연 이 애정을 이겨낼 수 있을까? 과연 이 애정을 끊어 버릴 수 있을까? 만약 이 애정을 끊어 버리지 못한다면, 도대체 어떻게 생사 윤회를 끝마칠 수 있을까?"

애정의 인연은 대부분 아주 익숙하고 친한데, 우리의 염불 공부는 이제 마음을 내어 몹시 낯설고 어설프며 또 절실하지 못하기 때문에, 아직 힘을 얻을 수가 없습니다. 지금 눈앞에 있는 애정의 경계가 나의 마음을 흔들어 대며 주인 노릇을 할 수 없어야만, 임종 때에도 그러한 애욕이 끝내 우리의 극락왕생(極樂往生)을 방해하지 못하는 것입니다.

그래서 제가 다시 한 번 당부하노니, 염불하는 사람들은 제일 먼저 생사 윤회 때문에 염불한다는 마음이 간절해야 되고, 생사 윤회를 끊겠다는 마음이 간절해야 합니다.

　그래서 생사 윤회의 뿌리를 일념일념마다 싹둑싹둑 잘라간다면, 이 한 순간 한 순간의 염불이 바로 생사 윤회를 끝마치는 때가 됩니다!

　어찌 꼭 섣달 그믐날(임종 때)이 되길 기다려서 바야흐로 생사 윤회를 끝마친단 말입니까? 그러면 이미 때가 늦고도 아주 늦을 것입니다. 그래서 흔히들 "눈앞에 모두 생사 윤회의 일들이니, 눈앞에서 생사 윤회를 깨끗이 끝마치세." 라고 하지 않습니까?

　이렇듯이 일념일념마다 진실하고 간절하게 염불하여, 한칼 한칼마다 섬뜩이는 피를 봅시다. 이렇게 마음을 써서 염불을 하는데도 만약 생사 윤회를 벗어나지 못할 것 같으면, 모든 부처님들이 거짓말 죄의 구덩이에 떨어질 것입니다.

　그러므로 재가불자나 출가스님을 막론하고, 단지 생사 윤회의 마음만 제대로 안다면, 그게 바로 생사 윤회를 벗어나는 시절이 됩니다. 어찌 그밖에 달리 특별하고 미묘한 법문이 있겠습니까.

－《염불절요(念佛切要)》

示念佛切要

憨山大師《憨山老人梦游集》
在云栖为闻子将子与母氏说

　念佛求生净土一门。元是要了生死大事。故云。念佛了生死。今人发心。因要了生死。方才肯念佛。只说佛可以了生死。若不知生死根株。毕竟向何处念。若念佛的心。断不得生死根株。如何了得生死。如何是生死根株。古人云。业不重不生娑婆。爱不断不生净土。是知爱根乃生死之根株。以一切众生受生死之苦。皆爱欲之过也。

推此爱根。不是今生有的。也不是一二三四生有的。乃自从无始最初有生死以来。生生世世。舍身受身。皆是爱欲流转。直至今日。翻思从前。何曾有一念暂离此爱根耶。如此爱根种子。积劫深厚。故生死无穷。今日方才发心念佛。只望空求生西方。连爱是生死之根的名字也不知。何曾有一念断着。既不知生死之根。则念佛一边念。生死根只听长如此念佛。与生死两不相关。这等任你如何念。念到临命终时。只见生死爱根现前。那时方知佛全不得力。却怨念佛无灵验。悔之迟矣。故劝今念佛的人。先要知爱是生死根本。而今念佛。念念要断这爱根。即日用现前。在家念佛。眼中见得儿女子孙。家缘财产。无一件不是爱的。则无一事无一念不是生死活计。如全身在火坑中一般。不知正念佛时。心中爱根未曾一念放得下。直如正念佛时。只说念不切。不知爱是主宰。念佛是皮面。如此佛只听念。爱只听长。且如儿女之情现前时。回光看看。这一声佛果能敌得这爱么。果然断得这爱么。若断不得这爱。毕竟如何了得生死。以爱缘多生习熟。念佛才发心甚生疏。又不切实。因此不得力。若目前爱境主张不得。则临命终时。毕竟主张不得。故劝念佛人。第一要知为生死心切。要断生死心切。要在生死根株上念念斩断。则念念是了生死之时也。何必待到腊月三十日。方才了得。晚之晚矣。所谓目前都是生死事。目前了得生死空。如此念念真切。刀刀见血。这般用心。若不出生死。则诸佛堕妄语矣。故在家出家。但知生死心。便是出生死的时节也。岂更有别妙法哉。

- 178 -

함허선사의 미타찬(彌陀讚)

함허득통(涵虛得通, 1376-1433)선사

1. 종진기화(從眞起化: 진여로부터 교화를 일으키신다)

두루 밝은 공(空)의 참되고 청정한 세계에는 본래 몸[佛身]과 땅[淨土]이 없습니다. 중생을 위하여 자비의 원을 일으켜서 방편으로 숨고 출현하심이 있습니다. 우리 중생들이 오랫동안 미혹의 길에 있으면서 귀의할 곳이 없으므로, 장엄한 국토에 모습을 나투시니 매우 희유하십니다. 이것은 곧 환주장엄(幻住莊嚴: 실제가 아닌 방편의 장엄)이라 이름 하시니, 방편으로 섭수하여 인도하소서. 방편으로 섭수하여 인도하소서.

2. 수기현상(隨機現相: 근기에 따라 모습을 보이신다)

자수용신(自受用身: 깨달음의 법락을 자신만 누림), 타수용신(他受用身: 깨달음의 법락을 회향함), 자타수용신(自他受用身: 깨달음의 법락을 자타가 함께 누림)이 있습니다.

크게 교화하시는 몸과 작게 교화하시는 세 가지 화신이 있으니, 이 몸은 구름과 같아서 그윽하게 출현함이 자유자재합니다. 구경은 원만하여 널리 응하시니 미치지 않는 곳이 없으니 참으로 희유하십니다. 이것은 곧 대자비의 아버지라 이름 하시니, 근기 따라 섭수하여 교화하소서. 근기 따라 섭수하여 교화하소서.

3. 도상생신(覩相生信: 상호를 보고 믿음을 일으킨다)

대비의 왕 대자의 아버지이신 아미타 부처님, 정수리 모습의 육계상(수미산 같은 모습), 다함없는 모습, 하나하나 상호에 무량한 광명 비추시고 무량한 부처님으로 화현하시어 중생의 마음을 열어 깨닫게 하시니 역시 희유하십니다. 원만한 화장세계[十華藏海] 대인의 상호[大人相好]이시니, 바라보며 모두가 우러러 사모합니다. 바라보며 모두가 우러러 사모합니다.

4. 문명감화(聞名感化: 명호를 듣고 감화된다)

아미타 부처님은 48대원 광대한 서원의 왕이시니, 그 원력 하나하나 중생을 제도하기 위해 진실로 시방세계에 감응하고자 하셨습니다. 이와 같은 발원을 씨앗으로 이미 정각을 이루시고, 지금 이미 정토에 계십니다. 저 중생들을 제도하시려는 서원 역시 희유하십니다. 광대한 원력으로 평등하게 중생을 이익 되게[平等饒益]하시니, 명호를 듣고 모두가 감화됩니다.

5. 잠칭개익(暫稱皆益: 잠깐의 칭명으로 모두 이익 된다)

열 가지 선업을 받들고 오계를 지녀도 오히려 고통을 면하지 못하니, 십악과 오역죄를 범하면 응당 무간지옥에 떨어집니다. 한순간 부처님의 명호를 부르면 죄가 가볍거나 무겁거나 가릴 것 없이 모두 여의게 하여 영원히 삼계를 벗어나도록 하시니, 역시 희유하십니다.

아미타 부처님의 대비원력(大悲願力)으로, 모두가 생사해탈을 얻습니다. 모두가 생사해탈을 얻습니다.

6. 공소익대(功小益大: 공덕이 적어도 이익은 크다)

부처님의 광명, 부처님의 수명, 부처님의 공덕 바다는 삼아승지겁을 지나도록 만행(萬行)을 닦아서 비로소 궁극에 이른 것입니다. 단지 부처님의 명호를 생각하면 공덕의 얕고 깊음을 따라서 모두가 정토에 오르게 하여 수기를 받고 부처를 이루니 희유합니다. 아미타 부처님은 서원의 왕[誓願王]이시니, 십념(十念)으로도 왕생합니다. 십념으로도 왕생합니다.

7. 수기보접(隨機普接: 근기 따라 널리 맞이하신다)

저 아미타 부처님은 구품연대(九品蓮臺)에 계시는데, 화신(化身)으로 출현함이 무량하여 염불인의 높고 낮음에 따라 그 가운데로 맞이하여 향하게 합니다. 이와 같은 방편으로 이와 같이 맞이하고 인도하여 성불하도록 하시며 중생을 제도하시되 거리낌이 없으시니 희유합니다.
아미타 부처님은 대방편력(大方便力)으로 구품연대에 태어나게 하십니다. 구품연대에 태어나게 하십니다.

8. 초방독존(超方獨尊: 시방을 뛰어넘어 홀로 존귀하다)

과거 부처님, 현재 부처님이 한량 없고 끝이 없으며, 사방(四方)과 더불어 상·하에도 부처님이 역시 헤아릴 수 없이 많습니다. 여기에 모든 부처님은 특별히 아미타 부처님을 칭찬하시고 제일이라 하셨습니다. 이와 같이 높고 수승하시니 역시 희유합니다. 아미타 부처님의 큰 위신력과 공덕의 힘은 높고도 수승하여 비할 데 없습니다. 높고도 수승하여 비할 데 없습니다.

9. 권염공고(勸念功高: 염불을 권하면 공덕이 크다)

삼천대천세계에 가득하도록 칠보를 보시하면 그 공덕은 이미 무량하며, 또 교화로써 사과(四果)를 증득하게 하면 그 공덕 역시 끝이 없습니다. 그러나 사람들에게 염불을 권하면 그 공덕은 그보다 더 수승하다고 부처님께서는 분명히 말씀하셨습니다. 이와 같은 공덕으로 교화하시니 역시 희유합니다. 사람들에게 권하고 스스로 염불하면 공덕과 행이 구족하니, 곧 바로 상품에 오릅니다. 곧 바로 상품에 오릅니다.

10. 고초원증(高超圓證: 높고 뛰어나며 원만히 증득하다)

위대한 영웅이시고 용맹하시며, 큰 힘의 대왕이신 아미타 부처님은 무량한 광명이요, 무량한 수명이요, 무량한 공덕입니다. 자세히 살펴보니 사람 사람마다 그 분상에 각자가 스스로 구족하였으나, 부처님께서 먼저 원만히 증득하셨으니 역시 희유합니다.

오직 마음의 정토[唯心淨土], 자기 성품의 아미타불이시니, 부처님처럼 다 함께 증득하게 하소서. 부처님처럼 다 함께 증득하게 하소서.

- 《미타찬(彌陀讚)》 (정목 스님 번역)

第一 從眞起化
普明空 眞淨界 本無身土 爲衆生 興悲願 方有隱現 我等衆生 長在迷途 無所依歸
嚴土現形 最希有 是則名爲 幻住莊嚴 再唱 方便接引

第二 隨機現相
自受用 他受用 自他受用 大化身 小化身 三種化身 如是身雲 熏現自在 究竟圓滿
普應無方 亦希有 是則名爲 大慈悲父 再唱 隨類攝化

第三　覿相生身
大悲王　大慈父　阿彌陀佛　頂上相　肉　相　無盡相好　一一相好　放無量光　化無量佛
開悟衆生　亦希有　十華藏海　大人相好　再唱　瞻皆仰慕

第四　聞名感化
阿彌陀　四十八　廣大願往　一一爲　度衆生　誠感十方　因如是願　已成正覺　現住安養
如願度生　亦希有　廣大願力　平等饒益　再唱　聞皆感化

第五　暫稱皆益
奉十善　持五戒　猶未免苦　犯十惡　干五逆　應墮無間　暫稱佛號　罪無輕重　皆令遠離
永出三界　亦希有　阿彌陀佛　大悲願力　再唱　皆得解脫

第六　功小益大
佛光明　佛壽命　佛功德海　歷三祇　修萬行　方始究竟　但念佛號　隨功淺深　悉令起昇
授記作佛　亦希有　阿彌陀佛　大誓願王　再唱　十念起昇

第七　隨機普接
彼佛有　九蓮臺　化現無量　念佛人　隨高下　接向其中　如是方便　如是接人　悉令成佛
度生無厭　亦希有　阿彌陀佛　大方便力　再唱　九品超生

第八　超方獨尊
過去佛　現在佛　無量無邊四方與　上下方　佛亦無數　於此諸佛　特稱彌陀　而爲第一　如
是高勝　亦希有　阿彌陀佛　大威德力　再唱　高勝無比

第九　勸念功高
滿三千　施七寶　功已無量　更化令　證四果　德亦無邊　勸人念佛　功德勝彼　佛說分明
如是德化　亦希有　勸人自念　功行滿足　再唱　直登上品

第十　高超圓證
大雄猛　大勢至　阿彌陀佛　無量光　無量壽　無量功德　細細看來　人人分上　各自具足
佛先圓證　亦希有　唯心淨土　自性彌陀　再唱　如佛共證

※ 조선 초기에 기화(己和)가 지은 경기체가. ≪함허당어록 涵虛堂語錄≫에 수록
되어 있다. 미래불(未來佛)인 아미타불을 찬양하여, 서방정토에 들고자 함이 창
작동기이다.

전체 10장으로 되어 있는데, 제1장은 아미타불이 중생에게 여러 방편으로 다가와서 제도함을, 제2장은 아미타불이 교화대상에 따라 가르치고 인도함을, 제3장은 중생이 아미타불의 모든 점을 우러러 흠모함을, 제4장은 중생이 아미타불의 대원(大願)에 감화됨을, 제5장은 중생 모두가 해탈을 얻게 됨을, 제6장은 중생이 명호를 열번만 염해도 극락에 왕생함을, 제7장은 아미타불의 힘이 중생을 구품연화대로 왕생하게 함을, 제8장은 아미타불의 큰 덕의 힘이 매우 커서 비교되는 것이 없음을, 제9장은 아미타불이 중생에게 염불을 권하여 구품연화대상품에 오르게 함을, 제10장은 부처와 같이 중생이 함께 정토(淨土)를 증득(證得)함을 각각 찬양하고 있다.

형식상 '위…… 경기어떠하니잇고'가 없으나 다른 부분은 경기체가의 정격(定格)을 따랐다. 숭유억불의 탄압 속에서 아미타불을 찬양하였고, 경기체가의 작자층에 승려도 포함된다는 점이 주목되는 작품이다.

모든 부처님의 스승, 아미타불

- 조주(趙州, 778 ~ 897)선사

 어떤 스님이 조주선사께 물었다.
「모든 부처님에게도 스승이 있습니까, 없습니까.」
「있다.」

「누가 모든 부처님의 스승이십니까.」
 조주선사께서 이르시기를,
「아미타불이니라. 아미타불이니라.」

僧問十方諸佛還有師也無 州云有 問如何是諸佛師 州云阿彌陀佛 阿彌陀佛乎

- 조주선사의 〈조주록趙州錄〉

※ 조주선사는 제자들에게 「너희들이 총림(叢林)에 있으면서 묵언하고 공부만 하여라. 그래도 너희를 벙어리라 하지 않으리. 이렇게 공부하여도 성취가 없다면 이 노승의 머리를 베어가라.」 하였다.

염불은 윤회를 벗어나는 지름길

서산(西山, 1520~1604)대사

　육조혜능 스님께서는 "부처는 자기 성품 속에서 이룰 것이지 자기 밖에서 구하지 말라."고 가르치신 바가 있다.

　그러나 이 말씀은 본심(本心)을 바로 가르친 것이다. 이치대로만 말한다면 참으로 그렇지만, 현상으로는 아미타불의 사십팔원(四十八願)이 분명히 있고, 극락세계가 확실히 있는 것이다.

　그러므로 누구나 일심으로 열 번만 염불하는 이도 그 원의 힘으로 연꽃 태(胎)속에 가서 나고 쉽사리 윤회에서 벗어난다는 것을 삼세의 부처님들이 다같이 말씀하시고, 시방세계의 보살들도 모두 그 곳에 태어나기를 발원했던 것이다.

　더구나 옛날이나 지금이나 극락세계에 왕생한 사람들의 행적이 분명하게 전해오고 있으니, 공부하는 이들이 잘못 알아서는 아니된다.

　아미타(阿彌陀)란 우리말로 '무한한 목숨(無量壽)' 또는 '무한한 광명(無量光)'이란 뜻으로, 시방삼세에 첫째가는 부처님의 명호이다. 수행시의 이름은 법장 비구였다. 세자재왕(世自在王) 부처님앞에서 마흔여덟 가지 원을 세우고 이렇게 말하였다.

"제가 성불할 때에는 시방세계의 무수한 하늘과 인간들은 더 말할 것도 없고, 작은 벌레까지도 일심으로 제 이름을 열 번만 부를지라도 반드시 저의 세계에 와서 나게 하여지이다. 만약 이 원(願)이 이루어지지 못한다면 저는 성불하지 않겠습니다."

옛 어른이 말씀하기를 **"염불 한 소리에 악마들은 간담이 서늘해지고, 그 이름이 저승의 문서에서 지워지며 연꽃이 금못에 나온다."** 하였으며, 또한 "어린애가 물이나 불에 쫓기어 큰 소리로 부르짖게 되면 부모들이 듣고 급히 달려와 구원하는 것과 같이, 사람이 임종할 때에 큰 소리로 염불하면, 부처님은 신통(神通)을 갖추었으므로 반드시 오셔서 맞아갈 것이다. 부처님의 자비는 부모보다 더 지극하고, 중생의 나고 죽는 고통은 물이나 불의 피해보다도 더 심하다." 라고 하였다.

만일 누가 말하기를 "자기 마음이 정토(淨土)인데, 새삼스레 정토에 가서 날 것이 무엇이며, 자기 성품이 아미타불인데 따로 아미타불을 보려고 애쓸 것이 무엇인가?" 라고 한다면, 이말이 옳은 것 같지만 사실은 그렇지 않다.

저 부처님은 탐하거나 성내는 일이 없는데, 그럼 나도 탐하거나 성내는 마음이 일지 않는가? 저 부처님은 지옥을 연화세계로 바꾸기를 손바닥 젖히듯 하신다는데, 나는 죄업으로 지옥에 떨어질까 오히려 겁을 내면서 어찌 그걸 바꾸어 연화세계가 되게 한단 말인가? 저 부처님께서는 한량없는 세계를 눈앞에 놓인 듯 보시는데, 우리는 담벼락 너머의 일도 모르면서 어떻게 시방세계를 눈 앞에 본단 말인가.

그러므로 사람마다 성품은 비록 부처이지만 실제 행동은 중생이다. 그 이치와 현실을 말한다면 하늘과 땅 사이처럼 아득하다. 규봉 선사가 말하기를 "가령 단박 깨쳤다 할지라도 결국은 점차로 닦아가야 한다." 고 하였으니 참으로 옳은 말씀이다.

그러면 다시 자기 성품이 아미타불이라는 사람에게 물어보자. 어찌 천생으로 된 석가여래와 자연히 생긴 아미타불이 있는가? 스스로 헤아려 보면 그냥 저절로 알게 될 것이다.

임종을 당해 숨이 끊어지는 마지막 큰 고통이 일어날 때에 자유자재할 수 있겠는가? 만약 그렇지 못하다면 한때에 만용을 부리다가 길이 악도(惡道)에 떨어지는 후회막급의 누를 범하지 말아야 할 것이다.

또한 "마명보살이나 용수보살이 이미 다 조사이면서도 분명히 말씀하여 왕생하는 길을 간절히 권했거늘, 나는 어떤 사람이라고 왕생을 부정하겠는가?"

'나무 아미타불' 여섯 자 법문은 윤회를 벗어나는 지름길이다. 마음으로는 부처님의 세계를 생각하여 잊지 말고, 입으로는 부처님의 명호를 똑똑히 불러 산란하지 않아야 한다. 이와같이 마음과 입이 서로 합치되는 것이 염불(念佛)이다.

- 《선가귀감》

阿彌陁佛六字法門 定出輪廻之捷徑也 心則緣佛境界 億持不忘 口則稱佛名號 分明不亂 如是心口相應 名曰念佛

評曰五祖云 守本眞心 勝念十方諸佛 六祖云 常念*他佛 不免生死 守我本心 則到彼岸 又云佛向性中作 莫向身外求 又云迷人念佛求生 悟人自淨其心 又云大抵衆生 悟心自度 佛不能度衆生云云 如上諸德 直指本心 別無方便方將一法 便逗諸根 理實如

是　然迹門實有極樂世界　阿彌陀佛　有四十八大願　凡念十聲者　承此願力　往生蓮胎
徑脫輪廻　三世諸佛　異口同音　十方菩薩　同願往生　又況古今往生之人　傳記昭昭　願
諸行者　愼勿錯認　勉之勉之

梵語阿彌陀　此云無量壽　亦云無量光　十方三世　第一佛號也　因名法藏比丘　對世自在
王佛　發四十八願云　我作佛時　十方無央數世界　諸天人民　以至蜎飛蠕動之流　念我名
十聲者　必生我刹中　不得是願　終不成佛云云　先聖云　唱佛一聲　天魔喪膽　名除鬼簿
蓮出金池　又懺法云　自力＊他力　一遲一速　欲越海者　種樹作船　遲也　比自力也　借船
越海　速也　比佛力也　又曰世間稚兒　迫於水火　高聲大叫　則父母聞之　急走救援　如人
臨命終時　高聲念佛　則佛具神通　決定來迎爾　是故大聖慈悲　勝於父母也　眾生生死
甚於水火也　有人云　自心淨土　淨土不可生　自性彌陀　彌陀不可見　此言似是而非也
彼佛無貪無嗔　我亦無貪嗔乎　彼佛變地獄　作蓮花　易於反掌　我則以業力　常恐自墮於
地獄　況變作蓮花乎　彼佛觀無量盡世界　如在目前　我則隔壁事　猶不知　況見十方世界
如目前乎　是故人人　性則雖佛　而行則眾生　論其相用　天地懸隔　圭峰云　設實頓悟　終
須漸行　誠哉是言也　然卽寄語自性彌陀者　豈有天生釋迦自然彌陀耶　須自忖量　人豈
不自知　臨命終時　生死苦際　定得自在否　若不如是　莫以一時貢高　却致永劫沉墮　又
馬鳴龍樹　悉是祖師　皆明垂言敎　深權往生　我何人哉　不欲往生　又佛自云　西方去此
遠矣　十萬十惡八千八邪　此爲鈍根說相也　又云西方去此不遠　卽心眾生是佛彌陀　此
爲利根說性也　敎有權實　語有顯密　若解行相應者　遠近俱通也　故祖師門下　亦有或喚
阿彌佛者慧遠　或喚主人空者瑞巖

염불 가운데
지관(止觀)이 함께 갖춰진다

철오(徹悟, 1741~1810)선사

　　중생과 부처님이 조금도 다름없이 평등하게 공유하는 것은 오직 지금 당장 생각을 떠난 신령스런 지각[現前離念靈知]일 뿐입니다. 모든 부처님께서는 청정한 깨달음의 인연을 따라 깨닫고 또 깨달으시며, 정화시키고 또 정화시키시어, 지극히 청정한 깨달음의 경지에 이르신 것입니다.

　　그래서 그 신령스런 지각[靈知]이 가로로 시방세계에 두루하며 세로로 삼세에 관통하여 광대무변합니다. 반면 우리 중생은 미혹되고 오염된 인연을 따라 미혹되고 또 미혹되며, 오염되고 또 오염되기만 되풀이하고 있습니다. 그래서 그 신령스런 지각이 좁게 갇히고 짧게 끊어지며, 미천하고 열악하기 짝이 없습니다.

　　그렇지만 이러한 중생의 좁게 갇힌 신령스런 지각도 모든 부처님의 광대무변한 신령스런 지각과 본바탕은 서로 다르지 않고 터럭 끝만큼의 차이도 없습니다. 그래서 중생의 지각도 청정한 깨달음의 인연을 따라 업장이 다 녹아 없어지고 감정이 텅 비게 된다면, 이 좁게 갇힌 지각도 그 자리에서 광대무변한 신령스런 지각으로 단박에 탈바꿈하게 됩니다. 마치 별빛만한 불씨가 수만 평의 산과 들을 불태울 수 있듯이.

　　그러나 지금 당장의 한 생각 신령스런 지각은, 아는 대상인 경계로 말할 것 같으면, 사실은 넓고 비좁고, 훌륭하고 보잘것 없는 차이가 분명히 있습니다. 물론 아는 주체인 지각으로 보면 전체가 조금도 다르지 않습니다. 마치 똑같은 불이지만, 전단을 사르면 향기롭고 똥을 태우면 구린내가 나는데, 태우는 물건은 비록 다르지만, 태울 수 있는 불은 둘이 아닌 것과 같습니다.

또한 같은 물이지만 맑고 흐림은 같지 않으며, 같은 거울이지만 어두침침하고 선명함은 다른 것과도 같습니다. 물이 맑고 흐림은 비록 다를지라도 축축한 성질은 둘이 아니며, 거울이 어두침침하고 선명함은 비록 다를지라도 비추는 본질은 같습니다.

물은 축축한 성질이 한 가지이므로 흐린 물도 정화시켜 맑게 할 수 있으며, 거울은 비추는 본질이 한 가지이므로, 어두침침한 거울도 갈고 닦아 선명하게 할 수 있습니다. 거울의 빛이 어두침침한 것은 때가 끼었기 때문일 따름입니다. 때는 비추는 게 아니고, 비춤은 거울의 본질입니다. 마찬가지로 물이 흐린 것은 먼지가 섞였기 때문일 따름입니다. 먼지는 축축한 게 아니고, 축축함은 물의 본성입니다.

이 한 생각의 신령스런 지각은 물의 축축함처럼, 거울의 비춤처럼, 불의 타는 속성처럼, 본체로 말하자면 조금도 서로 다름이 없습니다. 오직 본체상 다름없음으로 말미암아, 수도(修道)의 방편 법문 가운데 여러 가지의 서로 다른 문(門)이 있게 됩니다. 단지 뭇 성인들을 우러러 흠모하는 방법, 단지 자기의 심령을 존중하는 방법, 밖으로는 뭇 성인을 흠모하고 안으로는 자기의 심령을 존중하는 방법, 뭇 성인을 흠모하지도 않고 자기 심령을 존중하지도 않는 방법 등이 있습니다.

첫째, 단지 뭇 성인을 우러러 흠모하는 방법이란, 바로 우리 정토법문으로 염불하는 사람과 같습니다. 뭇 성인들이 모두 우리보다 앞서 자아의 심령을 이미 증명하여, 말하거나 침묵하거나 움직이거나 고요하거나[語默動靜] 어느 때나 모두 모범이 될 만함을 우리는 알기 때문에, 만약 우리가 뭇 성인을 우러러 흠모하지 않는다면, 닦아 나아갈 길이 없게 됩니다.

그래서 더러는 오로지 부처님 명호를 지송하고, 더러는 부처님의 법음과 상호(相好)를 관상(觀想)하면서, 몸·입·뜻의 세 가지를 경건하게 가다듬고 하루 여섯 때에 정성스레 예경하되, 마음을 다 기울여 귀명(歸命)하며 금생에 타고난 몸이 다하도록 받들어 지킵니다. 때가 되고 인연이 무르익으면 감응(感應: 感은 우리가 부처님을 감동시킴. 應은 부처님이 우리 정성에 호응함)의 길이 서로 교차하면서, 마음자리가 크게 열리고 심령의 빛이 저절로 쏟아져 나오게 됩니다. 그러면 나의 자아 심령도 원래 뭇 성인과 조금도 다름없이 평등함을 알게 되니, 이 또한 자신을 스스로 존중하지 않을 수 없게 되는 것입니다.

둘째, 단지 자기 심령만 존중하는 방법이란, 선종의 참선처럼 사람 마음을 곧장 가리켜[直指人心] 성품을 보고 부처가 되는[見性成佛] 것입니다. 그래서 오직 하루 12시(子~亥時) 내내 가거나 머물거나 앉거나 눕거나[行住坐臥] 모든 행위에서, 오로지 그 사람의 본래면목만을 드러내고 본 바탕자리 기풍과 광채만을 받아쓰면서, 마음과 성품 이외에는 터럭 끝만큼도 집착함이 없습니다. 이른바 "남들이야 천 분 성인이 나투든 말든, 나한테는 자연 그대로의 진짜 부처님이 계시다[任他千聖現, 我有天眞佛]."는 심경입니다. 조예가 깊어지고 공부가 무르익어 깨달아 증명함이 지극한 경지에 이르면, 이윽고 일체의 모든 성현들도 이미 오래 전에 바로 자아의 심령을 먼저 증명하셨음을 알게 될 터이니, 또한 그런 성인들을 우러러 흠모하지 않을 수 없게 됩니다.

셋째, 밖으로 뭇 성인을 흠모하고 안으로 자기 심령을 존중하는 방법이란 이렇습니다. 무릇 자기 심령을 존중하고자 하면, 반드시 뭇 성인을 우러러 흠모해야 합니다. 오직 뭇 성인을 우러러 흠모하는 것이 바로 자기 심령을 존중하는 것이기 때문입니다. 또 뭇 성인을 우러러 흠모하고자 하면, 반드시 자기 심령을 존중해야 합니다.

만약 자기 심령을 존중하지 않는다면, 어떻게 뭇 성인을 우러러 흠모할 수 있겠습니까? 이 방법은 안과 밖을 교차로 닦으면서 마음과 부처님을 똑같이 존중하므로, 어느 한쪽에 치우치거나 집착함이 없고 진리[道]에 나아감이 더욱 빨라집니다.

공부의 힘이 지극히 무르익어 전체가 고스란히 상응해 나타나면, '뭇 성인도 단지 나보다 앞서 자아의 심령을 증명한 것일 따름이니 굳이 우러러 흠모할 필요가 없고, 또 나 자신의 심령도 또한 뭇 성인과 가지런히 평등할 따름이니 어찌 힘들여 존중할 필요가 있겠는가'라는 진리를 마침내 깨닫게 됩니다.

넷째, 뭇 성인을 흠모하지도 않고 자기 심령도 존중하지 않는 방법이란, 이른바 실오라기 하나 걸치지 아니하고 마음과 부처를 모두 잊어버려, 철저히 내팽개치고 조금도 기대거나 의지함이 없는 것입니다.

밖으로는 세상을 잊어버리고, 안으로는 몸과 마음을 벗어나서, 한 생각 일어나지 않고, 온갖 인연을 앉은 채로 끊어버립니다. 오래오래 공부가 무르익어 원만하게 증명해 들어가면, 본래의 심령이 홀로 우뚝 드러나고, 뭇 성인이 문득 가지런히 나타나시어, 비록 뭇 성인을 애써 우러러 흠모하지 않더라도 바로 최선의 흠모가 되고, 비록 자기 심령을 존중하지 않더라도 도리어 진실한 존중이 됩니다.

이 네 가지 방법(길)은, 공부하는 사람이 스스로 자기 근기와 성품을 잘 헤아려, 각자 기호와 적성에 맞게 선택하면 됩니다. 단지 한 법문으로 깊숙이 들어가[一門深入] 오래 지속하면, 어느 길이나 모두 반드시 상통하는 감응이 있을 것입니다. 혹시라도 허망한 집착심을 내어 함부로 경박한 논란을 일으키고, 나가서는 찍소리도 못하면서 들어와서는 큰소리치며, 하나만 옳고 나머지는 모두 틀리다고 비난하는 따위는 절대로 해서는 안됩니다. 이러한 짓들은 단지 미묘한 진리[妙道]에 어긋나고 장애가 될 뿐만 아니라, 아마도 위대한 법을 비방하여 커다란 죄업을 초래하게 될까 두렵습니다.

염불은 마땅히 네 가지 마음으로 해야 합니다.

첫째, 시작도 없는 아득한 옛날부터 지금까지 죄업만 지어왔으니, 마땅히 참괴한 마음[慚愧心]을 내야 합니다.

둘째, 이 염불법문을 들었으니, 마땅히 기뻐하는 마음[誤慶心]을 내야 합니다.

셋째, 시작도 없는 오랜 업장으로 이 법문을 만나기가 지극히 어려우니, 마땅히 비통한 마음[悲痛心]을 내야 합니다.

넷째, 부처님께서 이처럼 자비로우시니, 마땅히 감격스런 마음[感激心]을 내야 합니다. 이 네 가지 마음 중 하나만 있어도 정토수행(청정한 도업)은 곧 성취할 수 있습니다.

그러나 염불은 중단함이 없이 오래 지속해야 합니다. 자꾸 중단하면 정토수행 또한 성취할 수 없습니다. 그리고 오래 지속함에 피로와 권태를 모르고 용맹스럽게 정진해야 합니다. 피로와 권태를 느끼면 정토수행 또한 성취할 수 없습니다. 오래 지속은 하면서 용맹스럽지 못하면 퇴보하기 마련이며, 용맹스럽기는 한데 오래 지속하지 못하면 진보가 없게 됩니다.

염불할 때는 다른 생각[別想]을 해서는 안됩니다. 다른 생각이 없으면, 이것이 바로 정지[止: 停止, 사마타]입니다. 그리고 염불할 때는 모름지기 또렷또렷 분명해야 합니다. 또렷또렷 분명하면, 이것이 바로 관조[觀: 觀達, 위빠사나]입니다.

한 생각[一念: 念佛] 가운데 지관(止觀)이 함께 갖춰지는 것이지, 따로 지관이 있는 것은 아닙니다. 지(止)는 선정(定)의 원인이며, 선정(定)은 지(止)의 결과입니다. 또한 관(觀)은 지혜(慧)의 원인이며, 지혜(慧)는 관(觀)의 결과입니다. 한 생각 일지 않으면서 또렷또렷 분명함이 바로 고요하면서 비춤[卽寂而照]이고, 또렷또렷 분명하면서 한 생각도 일지 않음이 바로 비추면서 고요함[卽寂而照]입니다.

이와 같이만 할 수 있다면, 청정한 도업(정토수행)이 틀림없이 이루어지고 말며, 이처럼 이루어지면 모두 상품(上品) 연화에 왕생합니다. 한 사람부터 백천만억 사람에 이르기까지, 이와 같이 수행하기만 하면 모두 이와 같이 성취하게 됩니다. 그러니 염불하는 수행인이 삼가 조심하지 않을 수 있겠습니까?

- 《철오선사 어록》(보적 김지수 번역)

※ 철오선사의 '정업팔요(開示淨業八要)'는 다음과 같다.

一、眞爲生死 發菩提心 是學道通途(진실로 생사윤회를 끝내려면 보리심을 발하라. 이것이 道를 배우는 大路이다).

二、以深信願 持佛名號 爲淨土正宗(깊은 믿음과 발원으로 부처님 명호를 부르는 것이 염불의 첫째 가르침이다).

三、以攝心專注而念 爲下手方便(마음을 추스르고 집중하는 것이 염불을 시작하는데 적당하다).

四、以折伏現行煩惱 爲修心要務(지금의 번뇌를 굴복시키는 것이 마음을 닦는데 급선무다).

五、以堅持四重戒法 爲入道根本(사중계를 굳게 지키는 것이 道에 들어가는 근본이다).

六、以種種苦行 爲修道助緣(온갖 고행은 도道를 닦는 보조 인연이다).

七、以一心不亂 爲淨行歸宿(일심불란은 정토수행의 귀착점이다).

八、以種種靈瑞 爲往生證驗(온갖 신령스러움과 상서로움이 나타나는 것은 정토에 왕생할 증험이다).

가장 적합한 수행은 염불이다

- 백장회해(百丈懷海, 749~814)선사

온갖 수행 중에서 염불이 가장 온당하다.
修行以念佛最爲穩當

※ 위 말씀은 백장선사께서 세우신 총림요칙(叢林要則) 속에 나온다.

백장대지선사총림요칙(百丈大智禪師叢林要則)
一、叢林以無事爲興盛[총림은 말썽 일으키는 일이 없도록 함으로써 흥성케 한다]
二、修行以念佛爲穩當[수행은 염불이 가장 온당하다]
三、精進以持戒爲第一[정진은 계를 지키는 것이 제일이다]
四、疾病以減食爲湯藥[질병은 식사를 줄이는 것을 약으로 삼는다]
五、煩惱以忍辱爲菩提[번뇌는 인욕을 깨달음으로 삼는다]
六、是非以不辯爲解脫[시비는 따지지 않음을 해탈로 삼는다]
七、留衆以老成爲眞情[대중을 머물게 할 때는 노련함을 진정으로 삼는다]
八、執事以盡心爲有功[일을 다룸에는 마음을 다해야 공덕이 된다]
九、語言以減少爲直截[쓸데없는 말을 줄임으로써 단도직입(單刀直入)한다]
十、長幼以慈和爲進德[장유의 서열에는 자비와 화합을 덕을 닦는 것으로 삼는다]
十一、學問以勤習爲入門[학문은 부지런히 배우는 데로부터 시작된다]
十二、因果以明白爲無過[인과를 분명히 알면 허물이 없다]
十三、老死以無常爲警策[생로병사는 일체가 무상함을 경책으로 삼는다]
十四、佛事以精嚴爲切實[불사는 정밀하고 장엄함을 절실함으로 삼는다]
十五、待客以至誠爲供養[손님을 접대할 때는 지극정성을 공양으로 삼는다]
十六、山門以耆舊爲莊嚴[산문은 덕이 높고 법랍이 많음을 장엄으로 삼는다]
十七、凡事以預立爲不勞[만사는 미리 대비해야 수고롭지 않다]
十八、處衆以謙恭爲有理[대중과 같이 할 때엔 겸손과 공경으로 한다]

十九、遇險以不亂爲定力[위험한 일을 만났을 때는 마음의 집중을 선정력으로 삼는다]

二十、濟物以慈悲爲根本[모든 이를 구제할 때에는 자비를 근본으로 삼는다]

※ 백장 회해선사: 중국 당나라 때 선종의 고승. 백장청규(百丈清規)를 제정하여 교단의 조직이나 수도생활의 규칙 등을 성문화한 업적을 남겼다. 그의 수도생활은 매우 준엄하여 「하루를 무위(無爲)로 지내면 그날은 굶는다.」고 할 정도였다. 수많은 제자가 그에게 모여들었는데, 그중에서도 황벽(黃檗) 희운(希運)과 위산(潙山) 영우(靈祐) 두 사람은 걸물들로서, 뒷날 이들의 계통에서 임제종(臨濟宗)과 위앙종(潙仰宗)이 시작되었다.

만약 중병에 걸린 사람이 있으면 아미타불을 열 번 염한다. 염송할 때는 먼저 아미타불을 찬탄하고 나서 이렇게 말한다.

「오늘 아침 병에 걸린 비구 모인某人이 있나이다. 다생多生에 걸친 원한이 모두 없어지게 하소서. 한량없는 세월의 허물을 참회하나이다. 특히 지성으로 청정한 성중을 우러러 의지하나이다. 부처님 성호를 칭양稱揚하오니 깊은 재앙을 씻어내 주소서.」

그리고 나무아미타불 여섯 자를 백 번, 나무관세음보살과 나무대세지보살과 나무일체청정대해중보살을 각각 열 번씩 한다. 그리고 다음과 같이 말하면서 회향한다. 「엎드려 원하건대, 병에 걸린 비구 모인某人이 (세상과의) 모든 인연이 아직 다하지 않았으면 속히 경안(輕安: 마음이 가볍고 고요하며 편안한 상태)을 얻게 하시고, 만일 대명大命을 피하기 어려우면 원하건대 극락에 왕생하게 하소서. 시방삼세일체제불 …….」

염불을 할 때에는 대중이 마음을 청정하게 추슬러야 하고, 잡념망상에 이끌리지 않아야 한다.

如病重爲十念阿彌陀佛 念時先白贊云 今晨則爲在病比丘某甲 釋多生之冤對 懺累劫之愆
尤 特運至誠仰投淸衆 稱揚聖號蕩滌深殃 仰憑尊衆念 南無阿彌陀佛一百聲 觀世音菩薩
大勢至菩薩 淸淨大海衆菩薩各十聲 回向云 (伏願在病比丘某甲 諸緣未盡早遂輕安 大命
難逃徑生安養 十方三世云云) 當念佛時衆宜攝心淸淨 不得雜念攀緣

–백장 회해선사 〈칙수백장청규勅修百丈淸規〉

※ 선문의 거장이자 〈선원청규(禪院淸規)〉를 제정하신 중국 당나라 백장선사께서
병승(病僧)이나 망승(亡僧)을 위해 염불을 강조하신 대목이다. 선종에서 견성(見性)을
하여 대철대오에 이르지 못하면 염불을 하여 극락세계에 왕생하는 것이 최선의 길임
을 보여주는 소중한 법문이다.

※ 아미타불을 찬탄한다 함은 바로 '찬불게(讚佛偈)'를 말하는 것으로 아래와 같다.

아미타불신금색(阿彌陀佛身金色)
아미타부처님의 몸은 황금빛이라네.

상호광명무등륜(相好光明無等倫)
32상 80수형호에서 뿜는 광명은 그 누구도 견줄 이 없으며

백호완전오수미(白毫宛轉五須彌)
미간의 백호는 수미산을 다섯 바퀴 휘돌아 감싸고

감목징청사대해(紺目澄淸四大海)
맑고 깨끗하며 검푸른 눈동자는 사대 바다를 맑게 비추네.

광중화불무수억(光中化佛無數億)
아미타불의 원광(圓光) 속에는 한량없는 화신불이 계시고

화보살중역무변(化菩薩衆亦無邊)
그 화신불 속에는 또한 한량없는 보살들이 계시네.

사십팔원도중생(四十八願度衆生)
48원으로 일체중생을 건지시고

구품함령등피안(九品咸令登彼岸)

중생을 모두 구품으로 영접하여 피안에 오르게 하시네.

※ 〈백장청규〉를 계승한 다른 판본으로 1103년 운문종(雲門宗)의 종색(宗賾)선사가 편찬하신 〈선원청규〉에도 다음과 같은 구절들이 보인다.
「중병에 걸린 사람은 아미타불을 열 번 하여 아미타불을 찬탄하고, 대중은 병자를 위해 아미타불과 사성(四聖)의 명호를 길게 염불하라.」
「환자가 만일 도안(道眼)이 정명(精明)하지 못하면, 아울러 아미타불을 염하여 정토왕생을 기원하도록 권하라.[若非道眼精明 竝勸令專念阿彌陀佛]」고 하고 있다. 이것은 자력신앙인 선종(禪宗)에서 타력신앙인 정토사상을 수용하는 한 단면을 보여주고 있다.

차서次序를 밟지 않고
바로 부처님 경지에 뛰어오르는 법

- 천여유칙(天如惟則)선사

사람이든 사람이 아닌 자든 부처님께서 펼치신 말씀은 게송 하나, 한 구절이라도 받들어 믿지 않는 이가 없는데, 유독 정토에 대하여 의심이 있는 것은 무슨 일인가. 이것은 정토에 들어가는 문이 매우 넓고 매우 큰데, 닦는 법은 너무 간단하고 너무 쉬운 까닭이다. 매우 넓고 매우 크고 간단하고 쉽기 때문에, 들으면 믿지 않을 수가 없다. 이른바 넓고 크다는 것은 일체 근기를 모조리 다 포섭하여 위로는 등각等覺의 과위에 오른 자 가운데 일생보처보살도 역시 왕생을 구하고, 아래로는 어리석은 범부와 오역십악을 범한 무지한 자라도 임종 때 염불하여 죄를 참회하여 정토에 귀의하면 모두 정토에 왕생한다.

凡金口所宣 一偈一句 而人非人等 莫不信受奉行 獨於淨土之說 則間有疑者 何哉 良由淨土教門 至廣至大 淨土修法 至簡至易 以其廣大而簡易故 聞者不能不疑焉 所謂廣大者 一切機根 攝收都盡 上而至於等覺位中 一生補處菩薩 亦生淨土 下而至於愚夫愚婦 與夫五逆十惡無知之徒 臨終但能念佛悔過 歸心淨土者 悉獲往生也

- 천여 유칙선사 〈정토혹문淨土或問〉

염불과 참선이 같지 않다고 의심하는 이가 있는데, 그것은 참선이란 다만 마음을 알고 성품을 보려 함이요, 염불은 자기 성품이 미타彌陀요, 마음이 곧 정토임을 모르는 데서 오는 것이니, 어찌 그 이치에 둘이 있으랴.

부처님 말씀하시기를, 「부처님을 잊지 않고 생각하면 현세나 내생에 반드시 부처님을 뵈리라.」 하셨으니, 이미 현세에서 부처님을 뵙는 것이 어찌 참선을 하여 도道를 깨닫는 것과 다를 것인가. 오직 아미타불 넉자를 화두 삼아 온종일 분명히 들어 쉬지 않고 한 생각도 나지 않는 데에 이르면, 차서次序를 밟지 않고 바로 부처님의 경지에 뛰어오르리라.

有自疑念佛與參禪不同 不知參禪 只圖識心見性 念佛者 悟自性彌陀 唯心淨土 豈有二理
經云憶佛念佛 現前當來 必定見佛 旣曰現前見佛 則與參禪悟道 有何異哉 但將阿彌陀佛
四字 做箇話頭 二六時中 直下提至於一念不生 不涉階梯 徑超佛地
**　－천여 유칙선사　〈천여칙선사보설天如則禪師普說〉**

※ 백암 성총대사는 〈정토보서(淨土寶書)〉에서 「참선하여 크게 깨달으면 마침내 생사윤회를 벗어날 것이다. 이는 실로 좋은 방법이지만 여기에 이르는 자는 백 명 중에 두세 명도 안 된다. 그러나 서방 정토업을 닦으면 윤회에서 빨리 벗어나 생사에 구애받지 않을 것은 너무 분명하여 만 명 중에 한 명도 빠뜨림이 없을 것이다. 만약 서방 정토업을 닦지 않으면 업연(業緣)을 따라가는 것을 피하지 못한다.」 라고 하였다.

※ 남회근 국사는 「정토법문과 선(禪)의 차이는 어디에 있을까요. 아주 분명하게도 석가세존은 정토염불법문에 대한 가르침으로서 우리들에게 "마음으로 부처님을 생각하고, 일심(一心)으로 생각을 묶어 저 부처님을 자세히 관(觀)하라." 고 합니다. 그렇다면 부처님의 말씀대로, 일심으로 생각을 묶어(단속하여) 저 부처님을 자세히 관(觀)하면 되는 것일까요. 그렇지 않습니다. 일심으로 생각을 묶어 저 부처님을 자세히 관(觀)하는 것은 단지 정(定)을 닦는 요긴한 법문일 뿐입니다. 그런데 불법에서 추구하는 것은 정(定)과 혜(慧)의 균등한 수행[定慧等持]인데, 이 지혜의 힘을 어떻게 수행해야 할까요. 불법의 이치[佛理]를 참구(參究)하는 것 외에도, 선심(善心)과 복덕(福德)에 의지해서 배양해야 합니다. 선심과 복덕이 부족하면, 마치 쇠를 제련할 때 화력(火力)이 부족한 것과 같아서, 업력(業力)과 습기(習氣)를 철저하게 변화시킬 수 없습니다.」 라고 하였다.

사람의 한평생이 얼마나 되는지를 마땅히 생각해보라. 눈 깜짝할 동안에 번갯불처럼 지나간다. 늙지 않고 병들지 않았을 적에 몸과 마음을 가다듬어 세상일을 떨쳐버리고, 하루 살면 하루 동안 부처님을 부르고, 한 시간 겨를 있으면 한 시간 동안 부처님 명호를 부르라. 그러다가 목숨이 다할 때, 제 명에 죽든 비명에 죽든, 나의 노자路資는 이미 마련되었으니, 나의 앞길은 쉽고 편하다. 만일 이렇게 하지 않으면 후회하여도 되돌리기 어려우니, 생각하고 또 생각할 일이다.

當思人生在世 能有幾時 石火電光 眨眼便過 趁此未老未病之前 抖擻身心 撥棄世事 得一日光陰 念一日佛名 得一時工夫 修一時淨業 由他臨命終時 好死惡死 我之盤纏預辦了也 我之前程穩穩當當了也 若不如此 後悔難追 思之思之

* 〈인천보감〉에 실려 있는 고사(故事)를 소개한다.
「광효지안(光孝志安)선사가 하루는 선정(禪定)에 들어 두 스님이 난간에 기대서서 이야기하는 것을 보았다. 그런데 천신(天神)이 둘러싸고 이야기를 경청하다가 조금 뒤에 갑자기 악귀가 나타나 침을 뱉고 욕을 하며 사라져 버리는 것이었다. 나중에 난간에 기대섰던 스님들에게 까닭을 물어보니, 처음에는 불법(佛法)을 이야기 하다가 뒤에는 세상사(世上事)를 얘기했다고 하였다.
이에 선사는 말하기를, "한가한 이야기도 이러한데 하물며 불법을 주관하는 사람이 북을 울리고 법당에 올라가서 쓸데없는 이야기를 하랴." 하고는 이때부터 종신토록 한 번도 세상일을 말한 적이 없다. 선사가 죽어서 화장을 했는데, 혀는 타지 않고 붉은 연꽃잎같이 부드러웠다.」

바쁜 중에 한가함을 취하고 시끄러움 가운데서도 고요함을 취하여, 매일 삼만 번이나 만 번이나 삼천 번 또는 천 번 염불하겠다는 일과日課를 정해 놓고 하루라도 방일하게 보내지 말라. 또한 특별히 바빠 잠깐도 한가한 틈이 없는 자는 매일

새벽마다 반드시 십념十念을 할지니, 오래 공덕이 쌓이게 되면 또한 헛되지 않을 것이다. 염불 외에 송경誦經·예불·참회·발원하며 갖가지 인연을 맺고 갖가지 복덕도 지을 일이다. 힘 따라 보시를 행하며 모든 선과 공을 닦아 극락왕생의 조인助因으로 삼아라. 작은 선善이라도 반드시 정토에 회향迴向하라. 이와 같이 노력하면 반드시 정토에 왕생할 뿐 아니라 또한 품위品位도 높을지니라.

須忙裏偸閑 鬧中取靜 每日或念三萬聲 一萬聲 三千聲 一千聲 定爲日課 不容一日放過 又有冗忙之極 頃刻無閒者 每日晨朝 必須十念 積久功成 亦不虛棄 念佛之外 或念經禮佛 懺悔發願 種種結緣 種種作福 隨力布施 修諸善功以助之 几一毫之善 皆須回向西方 如此用功 非惟決定往生 亦且增高品位矣

　　　　　　　　　　　　　　　　　　　－ 〈정토혹문淨土或問〉

※ 철오선사는 「정토혹문은 참선자들의 고루(固陋)한 의심을 모아 시원히 풀어주었다.」 라고 하였다.

※ 〈정토혹문〉에 「오탁악세를 살아가는 사람들은 모두 죄를 짓습니다. 설사 오역중죄를 짓지는 않았더라도 나머지 죄업이 있는데, 누가 없다고 할 수 있겠습니까. 만약 참회를 하여 죄업을 없애지 않더라도, 다만 임종시에 염불하면 능히 왕생할 수 있습니까. 답한다. 역시 왕생한다. 이것은 바로 전적으로 아미타불의 불가사의한 대원력(大願力)에 의지하기 때문이다.[問五濁惡世 人皆有罪 縱未造五逆重罪 其餘罪業 孰能無之 苟不懺悔消滅 但只臨終念佛 能往生乎 答亦得生也 此乃全藉彌陀不思議之大願力也]」 라고 하였다.

※ "작은 선(善)이라도 반드시 정토에 회향하라." 라는 말은, 우리가 작은 선행을 하고 나서, "저의 이 작은 선행을 저의 극락왕생에 회향하옵니다." 라고 하라는 뜻이다. 그리하면, 이 작은 선행도 내가 극락에 왕생하는데 보탬, 즉 자량(資糧: 돈과 식량)이 되어 그만큼 왕생하기가 쉬워진다.

염불삼매가
위없는 보왕寶王이다

– 우익(藕益)대사

엎드려 바라건대, 출가자와 재가자, 지혜로운 사람과 어리석은 사람 할 것 없이 이 간단하고 쉽고 직접적이며 빠르고 위없는 원돈법문圓頓法門인 지명염불持名念佛에 대하여, 어렵다고 생각하여 문득 물러나 번거롭다는 생각을 일으키지 말고, 쉽다고 생각하여 마음대로 힘쓰지 않으려고 하지 말고, 얕다고 생각하여 망령되이 경시하지 말고, 깊다고 생각하여 감히 하지 않으려고 하지 말 것이다.

대저 부처님 명호를 지니는 것은 진실로 불가사의하다. 부처님 명호를 한 번 부르면 그 한 번이 불가사의하며, 열 번이나 백 번이나 천 번이나 만 번이나 또는 헤아릴 수 없이 많이 부르면 소리 소리마다 모두 불가사의하다.

伏願緇素智愚　於此簡易直捷無上圓頓法門　勿視爲難而輒生退諉　勿視爲易而漫　不策勤 勿視爲淺而妄致菲輕　勿視爲深而弗敢承任　蓋所持之名號　眞實不可思議　持一聲則一聲不 可思議　持十百千萬無量無數聲聲聲皆不可思議也

– 우익대사 〈아미타경요해〉

※ 우익대사는 7세부터 채식을 하였으며 유학을 배우면서부터는 영원토록 불교와 도교를 멸할 것을 스스로 다짐하였다. 그리고 마늘, 파 등의 강한 냄새가 나는 채소와 술을 마시면서 수 십편의 논(論)을 지어 불교와 도교를 이단시(異端視)하고 배척하였다. 그런데 17세가 되어 연지대사의 〈자지록서(自知錄序)〉와 〈죽창수필(竹窓隨筆)〉을 읽은 후로는 불교를 비방하지 않게 되었으며 그동안 자신이 지은 글을 모두 불태워 참회하였으며, 부친상을 당하여 《지장보살본원경》을 읽은 후 출가할 뜻을 세웠다. 57세에 영봉(靈峰)에서 입적하셨는데, 3년 후 제자들이 다비(茶毗)하기 위하여 대사의 육신을 안치한 감실(龕室)을 열어 보았더니 대사의 육신은 외연(巍然)히 가부좌를 하고 계셨으며 머리카락이 자라 귀를 덮어버렸고, 얼굴은 생시와 조금도 다름이 없었다. 그런데 다비 후에 보니 대사의 치아는 그대로 남아 있었으니, 이는 구마라집 법사의 혀가 다비 후 그대로 남아 있었던 것과 같은 증표라 할 것이다.

※ 우익대사는 24세에 감산대사를 꿈에서 세 번 뵈었다. 살아생전에 한 번도 감산대사의 얼굴을 본 적이 없었음에도, 우익대사는 그의 문인(門人)에 들어갔다(法屬이 되었다는 의미). 우익대사는 49세 때 〈아미타경요해〉를 지으셨고, 여기에 스스로 발문(跋文)을 썼는데, 이 발문에서 「염불삼매가 위없는 보왕(寶王)임을 비로소 알았다.[始知念佛三昧 無上寶王]」 라고 하였다.

진실로 염불한다면
몸과 마음을 다 내려놓을 수 있으니 곧 대 보시요,
진실로 염불한다면
다시는 탐진치가 일어나지 않으니 곧 대 지계요,
진실로 염불한다면
옳고 그름, 나와 너를 따지지 않으니 곧 대 인욕이요,
진실로 염불한다면
점점 끊이지 않고 망념이 섞이지 않으니 곧 대 정진이요,
진실로 염불한다면
다시는 망상이 날뛰지 않으니 곧 대 선정이요,
진실로 염불한다면
다른 법문에 현혹되지 않으니 곧 대 지혜다.

眞能念佛　放下身心世界　卽大布施
眞能念佛　不復起貪瞋癡　卽大持戒
眞能念佛　不計是非人我　卽大忍辱
眞能念佛　不稍間斷夾雜　卽大精進
眞能念佛　不復妄想馳逐　卽大禪定
眞能念佛　不爲他歧所惑　卽大智慧

- 우익대사

어떤 사람이 물었다.

「열 번 염불과 한 번의 염불로도 왕생할 수 있는데, 어찌하여 7일이 필요한가.」

답한다.

「만약 평소에 7일 동안의 공부가 없으면, 어찌 임종할 때 열 번 염불이나 한 번 염불이 있을 수 있겠는가. 설사 하하품下下品에서 오역십악을 지은 사람이라도 숙세의 인因이 성숙하였기 때문에 감응하여 임종할 때 착한 벗을 만나게 되면 그는 듣고서 문득 발원한다. (그런데) 이러한 일은 만 사람 중에 한 사람도 있을까 말까 하는데, 어찌 요행을 바라는가.」

問一念十念竝得生　何須七日　答若無平時七日功夫　安有臨終十念一念　縱下下品逆惡之人 竝是夙因成熟　故感臨終遇善友　聞便信願　此事萬中無一　豈可僥倖

- 우익대사 〈아미타경요해〉

※ 《무상경(無常經)》에 「만약 임종할 때라면 병을 간호하는 다른 사람은 단지 부처님 명호만을 불러서 그 소리가 끊기지 않도록 하되, 병자의 마음을 따라서 그 명호를 불러야 한다. 병자는 나투신 부처님과 보살들이 향기로운 꽃으로 맞이하는 걸 보면 문득 환희심이 생기면서, 몸도 고통스럽지 않고 마음도 산란하지 않아서 정견심(正見心)이 일어남이 마치 선정(禪定)에 들어간 것과 같다. 이윽고 목숨을 마치면, 반드시 삼도(三塗)의 고통으로 퇴전(退轉)하지 않고 즉시 부처님 앞에 태어난다. 만약

재가인(在家人)이 목숨을 마친 후라면 반드시 죽은 자가 쓰던 옷과 물건을 취해서 나눌 수 있는 것은 셋으로 나누어 삼보(三寶)에 보시해야 한다. 이로 말미암아 죽은 자의 업이 소멸되고 복이 생기는데, 죽은 시체가 입고 있던 옷이나 물건을 함께 해선 안 된다. 왜냐하면 이익이 없기 때문이다. 만약 출가한 사람이라면 소유하고 있던 옷이나 물건을 모든 계율의 가르침대로 해야 한다.」 라고 하였다.

한 생각 아미타불을 생각하면 한 생각이 그대로 부처이고, 생각마다 아미타불을 생각하면 생각 생각이 그대로 부처이다.

一念相應 一念佛 念念相應 念念佛也

- 우익대사 〈아미타경요해〉

※ 우익대사는 「나무아미타불하고 한 번 부르는 것이 바로 석가모니불께서 이 오탁악세에서 무상정등정각을 얻은 방법이다. 무상정등정각이야말로 성불하는 법이다.[一聲阿彌陀佛 就是本師釋迦牟尼佛於五濁惡世所得之阿耨多羅三藐三菩提法 無上正等正覺 卽是成佛之法]」 라고 하였다. 정공법사는 우익대사의 이 말씀에 대해, 「이전 분들은 지나쳤는데, 우익대사가 처음 알아낸 것이다.」 라고 하였다.

아미타불에 이르면
자기 화두를 타파한다

해안(海眼, 1901~1974)선사

南無西方大教主(나무서방대교주)
無量壽如來佛(무량수여래불)
南無阿彌陀佛(나무아미타불)

아침 종송에는 이 명호를 자꾸 부릅니다. 그리고 다음
에 이어지는 게송이 나옹 스님이 지으셨다는 유명한 게송
입니다.

阿彌陀佛在何方(아미타불재하방)
着得心頭切莫忘(착득심두절막망)
念到念窮無念處(염도념궁무념처)
六門常放紫金光(육문상방자금광)

아미타불 어디에 계시는가
마음에 붙여두고 절대 잊지 말아라
생각이 다해 무념의 자리에 도달하면
여섯 문에서 붉은 빛을 뿜으리.

나옹 스님이 누이에게 염불 하라고 권하면서 지어 보낸
게송이라고 전합니다. 염불을 할 때 나무아미타불을 자꾸
부르는데, 나무아미타불이 어디에 계십니까? 나무아미타

불, 나무아미타불, 할 때마다 '아미타불이 어디에 계시는고?' 하는 생각을 항시 마음에 새겨두고 잊지 않는 것이 염불입니다. '이 뭣고?' 화두를 들듯이.

그렇게 생각생각 이어 나가다 보면 생각 없는 곳에 이릅니다. 생각은 참 이상도 합니다. 처음에는 이런 저런 생각이 있고 생각하는 나도 있다가, 극진하게 간절하게 자꾸 파들어가면 필경 생각이 없는 데 가서 이릅니다. 나도 없고 남도 없는 무아의 경지가 되는 것입니다. 이런 경지에서는 여섯 문에서 항상 붉은 광명을 놓습니다. 여섯 문이란 우리가 다 가지고 있는 육근, 즉 눈, 귀, 코, 혀, 몸, 뜻을 말합니다. 자금광(紫金光)은 부처가 놓는 것이니 우리가 바로 부처가 된다는 것입니다.

염불은 참선하고 다르다 하여 선방에서는 염불을 금하기도 하지만 염불이 참선 공부에 크게 방해가 되는 것은 아닙니다. 일념으로 아미타를 염하여 생각이 끊어진 곳까지 가니, 염불이 선을 떠나 있는 것이 아니라, 아미타불에 가 보면 자기 화두를 타파하게 됩니다. 나옹 스님이 이런 뜻에서 누이에게 염불을 권하신 것입니다.

廓通十方覓何方(확통시방멱하방)
絕斷色空人法亡(절단색공인법망)
滅却心頭眞面目(멸각심두진면목)
春風秋雨元來光(춘풍추우원래광)

시방이 툭 트였는데 어디 가서 찾으랴
색과 공을 끊었고 사람(아상)도 법(법상)도 없도다
마음을 없앤 곳에 진면목 드러나니
봄바람 가을비 그대로 자금광일세.

위에서는 우리나라 고승의 게송을 소개했는데, 이 게송은 일본 사람이 지은 것입니다. 이름은 모르겠으나 큰 도인이었다고 합니다. 종송을 하면서 내가 좋은 법문을 모아 놓았는데, 기왕에 종 치면서 좋은 법문 외우라고 이 게송을 여기에 실었습니다. 덮어놓고 아미타불만 좋다고 자꾸 찬송하는 것 보다는 이런 글귀를 듣고 외우고 뜻을 생각하면 자기 마음에 크게 소득이 있을 것입니다. 이 게송은 나옹 스님의 법문에 대한 답변이랄까, 반문이랄까, 하여 나옹 스님의 게송 아래 두었습니다.

　나옹 스님은 '아미타불이 어디에 있는고?' 하는 생각을 마음에다 붙여서 잊지 말라 했는데, 이 법문은 '시방세계가 툭 터졌는데 동서남북 어디 가서 찾느냐' 하였습니다. '색'은 형체를 띠고 나타나는 법을 말하고, '공'은 그런 색의 체성이 비었다는 것을 뜻합니다. 그런데 색이든 공이든 다 끊어져버렸다고 하였습니다. 또 아미타불을 부르면서 염할 때 나는 염하는 사람[人]이고, 아미타불은 생각의 대상이 되는 법(法)입니다. 가령 '이 뭣고'라는 화두를 들 때도 들고 있는 내가 있고 '이 뭣고'라는 법이 있습니다. 그러나 여기서는 생각의 주체인 사람과 생각의 대상인 법이 동시에 없다는 것입니다. 이렇게 없다고만 하니까 속가에서는 불교를 '허무적멸지도(虛無寂滅之道)'라고 하여 허무주의에 빠진 종교로 칩니다. 여러분은 아무 것도 없는 것을 배우려고 온 것입니까. 그래도 뭔가 있을 것 같아서 온 것입니까?

　내 마음의 머리를 부숴버리면 그때서야 참 얼굴이 나옵니다. 마음을 멸각한다는 말은 모든 사량분별을 끊는다는 뜻입니다. 생각이 다 된 그 자리가 참다운 자기 얼굴입니다. '본래면목'이라는 화두도 있는데, 자기 참 얼굴을 보려 한다면 심두(心頭)를 멸각해야 합니다.

나옹 스님은 육문에서 광명을 놓는다 하였지만 여기서는 봄바람 가을비가 바로 자기 면목이며 자금색 광명이라는 것입니다. 우리 눈앞에 있는 대숲들, 은행 잎사귀가 다 광명을 놓고 있지 않습니까. 나옹 스님의 게송과 대조해 가면서 읽어 보면 더욱 맛이 나는 글입니다.

靑山疊疊彌陀窟(청산첩첩미타굴)
滄海茫茫寂滅宮(창해망망적멸궁)
物物捻來無罣碍(물물염래무가애)
幾看松亭鶴頭紅(기간송정학두홍)

겹겹의 푸른 산은 미타의 굴이요
망망한 푸른 바다는 적멸의 궁전이라
물건들이 오가나 걸릴 것 없으니
솔 정자에 붉은 학머리 얼마나 보았던가.

아미타불 사는 데가 어디 따로 있는 것이 아니라, 첩첩한 청산이 다 아미타불 사는 굴입니다. 열반이 따로 있는 것이 아니라, 저 가없는 푸른 바다가 다 적멸궁입니다. 우리는 부처님 사는 곳이 적멸궁이라고, 거기 가서 부처님 사리를 친견한다고 모두 오대산으로 가곤 합니다. 그러나 창해망망 바다가 다 그대로 적멸보궁입니다. 여기는 어떤 물건이든 와도 걸릴 것이 없습니다. 푸른 놈이 와도 좋고, 검은 놈이 와도 좋고, 예쁜 놈이 오든 미운 놈이 오든 막지 않으니 자재하게 툭 터진 곳이기 때문입니다. 솔잎은 푸르고 학의 머리는 붉으니 푸르고 붉은 것이 걸림 없이 잘 어울려 있다는 말입니다.

　　三界唯如汲井輪(삼계유여급정륜)
　　百千萬劫歷未盡(백천만겁역미진)
　　此身不向今生度(차신불향금생도)
　　更待何生度此身(갱대하생도차신)

　　삼계의 윤회는 두레박 줄 같아서
　　백천만 겁, 티끌 겁이 다하도록 끝나지 않네
　　이 몸을 이생에서 제도하지 않는다면
　　어느 생을 기다려 이 몸을 제도하리.

　불교에서는 중생이 사는 세계를 욕계, 색계, 무색계 셋으로 나누는데, 셋이 각각 따로 있는 것이 아니라 우리 사는 세상이 다 바로 삼계(三界)입니다. 마음이 욕심으로 가득 차 있으면 거기가 욕계(欲界)이고, 형상에 막혀 있는 세계가 색계(色界)이고, 아무 형상도 없는 정신세계가 무색계(無色界)입니다. 중생이 삼계에 윤회하는 것이 우물의 두레박을 잡아당기는 것과 같습니다. 물을 길어올릴 때마다 두레박 줄을 잡아서 올렸다 내렸다 하면 두레박이 물에 들어갔다 나왔다 합니다. 백천만 겁을 가도 다하지 않고 먼지나 티끌같이 많은 겁 동안을 반복해서 자꾸자꾸 윤회한다는 것입니다.
　이 몸을 이생에 제도하지 않고 어느 생을 기다려 제도하겠습니까. 발심해서 공부할 것을 권하는 말씀이지요. 오늘 당장 이 시간에 공부하지 않고 내일, 내년, 내생에 공부하겠다는 사람은 어리석은 사람입니다. 이 몸뚱이 없어지면 공부할 기회도 없습니다.

圓覺山中生一樹(원각산중생일수)
開花天地未分前(개화천지미분전)
非靑非白亦非黑(비청비백역비묵)
不在春風不在天(부재춘풍부재천)

원각산에 나무 한 그루 나서
천지가 나뉘기 전에 꽃이 피었네
푸른 색도 흰 색도 검은 색도 아니라
봄바람과 하늘에 관계치 않네.

　원각산은 우리 마음 가운데 있는 산입니다. 《원각경》
에 나오듯, 뚜렷이 깨어 있는 본래 청정한 자기 마음자리
를 '원각(圓覺)'이라 합니다. 오탁악세에 살고 있어도
이 원각은 변함 없이 중생에게 자리하고 있습니다. 원각
산 가운데 나무 하나가 생겼는데, 이 나무에서 하늘 땅이
갈라지기 전에 꽃이 피었답니다. 천지 보다도 먼저 핀 이
꽃이 어떤 꽃인가 찾아보십시오. 천지자연은 사계절이 있
어서 봄바람이 불면 가지각색의 꽃이 피어나고, 비와 이
슬을 맞고 자라납니다. 그런데 원각산의 나무에서 피는
꽃은 그 어떤 색도 아니고, 천기에 관계 없이 피어있는
꽃입니다.

- 《7일 안에 깨쳐라》 (동명 엮음)

한숨에 108번
아미타불 명호를 염하라

일타(日陀, 1929~1999)스님

　염불을 한다고 하여 꼭 아미타불만을 염하여야 한다는 것은 아니다. 허약한 이라면 약사여래를 외워도 좋고, 현세의 행복이 급하면 관세음보살을, 먼저 가신 분들을 천도하고 싶으면 지장보살을, 지혜를 이루고자 하면 비로자나불이나 문수보살을 염하여도 좋다.

　실로 예로부터 전래되는 염불법은 수없이 많다. 입으로만 아미타부처님의 명호를 부르는 칭명염불(稱名念佛)이 있는가 하면, 고요히 앉아 부처님의 형상을 관념(觀念)하는 관상염불(觀相念佛)도 있고, 일체만유의 진실한 자성인 법신(法身)을 관하는 실상염불(實相念佛)도 있다.

　그리고 좌선할 때처럼 고요히 앉아서 부처님을 생각하는 정업염불(定業念佛), 가나 있으나 앉으나 누우나 한결같이 염불하는 산업염불(散業念佛)도 있으며, 더러운 세계를 싫어하여 정토에 왕생하기를 구하며 염불하는 유상업염불(有相業念佛)이 있는가 하면, 비록 염불하여 정토를 구하나 자기 몸이 곧 정토라고 보는 무상업염불(無相業念佛)도 있다.

　내가 불자들에게 많이 권하는 것은 한 숨에 108번 불·보살의 명호를 외우는 염불법이다.

　이 108염불법은 어떻게 하는가?

먼저 허리를 쭉 펴서 심호흡을 세 번 이상 하고 숨을 깊이 들이킨 다음, 꽉 찬 숨을 아껴서 한 번의 숨을 다 내쉬는 동안 아미타불이나 관세음보살·지장보살 등을 108번 부르는 것이다(이하 관세음보살로 통일함). 이때 108염주를 쥐고 있다가 한번 염불할 때마다 한 알씩 돌리면 된다. 왜 한 숨에 108번을 부르라는 것인가? 천천히 부르면 잡념이 많이 생기지만, 한 숨에 아주 빨리 108번을 부르면 집중이 잘 되고, 간절한 마음이 우러나기 때문이다.

처음에는 '관-세음-보-살, 관-세음-보-살' 하면서 천천히 시작하여 서너 번 지나면 점점 빨리 불러, 마침내는 한번 한 번 부르는 '관세음보살' 소리가 앞 뒤 간격이 없을 만큼 빠르게 불러야 한다. '나'는 관세음보살을 부르고 있지만, 옆에서 듣는 사람은 무슨 소리인지 알아 듣지 못할 정도로 빨리! 이렇게 빨리 부르면 능히 한 숨에 108번을 부를 수 있게 된다. 물론 처음에는 30번, 40번밖에 부를 수가 없다. 그렇지만 능력껏 부르고 숨을 깊이 들이키면서 속으로 소원을 세 번씩 기원한다. 그리고 다시 앞의 요령대로 관세음보살을 108번 부르고 기원, 또 108번 부르고 기원…….

이와 같이 세 차례 또는 일곱 차례 반복하면 자기 암시가 되어 자신감도 생기고 관세음보살님의 가피를 입어 능히 좋은 결과를 얻을 수 있게 되는 것이다. 나아가 한 숨에 108번 이상을 염할 수 있게 되면, 그는 이미 염불로 인한 염력(念力)이 생긴 자라고 할 수 있다. 그 정도의 염력이 생긴 자라면 참선수행을 하는 것도 좋고, 간경(看經) 수행 쪽으로 방향을 돌려 봄도 바람직하다.

또한 사람들 중에는 중병에 걸렸다거나 갑자기 사업이 망할 위기에 처했다거나 뜻하지 않은 재앙을 처하게 되어 염불을 하게 되는 경우가 많다. 이렇게 매우 다급한 경우에 처한 분들의 기도는 결코 한가할 수가 없다. 애가 타고, 애간장이 녹아날 것 같은 이라면 이것 저것 생각할 겨를이 없다. 그때는 입으로 불·보살의 명호를 염하면서 간절한 마음으로 매달려야 한다. 배고픈 아이가 어머니를 찾듯이, 목마른 이가 물을 찾듯이 불·보살님께 간절한 마음을 전하면 능히 소원을 이룰 수 있다. 단, 아주 다급한 소원인만큼 하루 일정 시간, 잠깐이 아니라 앉으나 서나 누우나 끊임없이 불·보살을 챙기도록 노력해야 한다.

나의 외증조할머니는 나이 일흔에 '나무 아미타불' 염불을 시작하여 여든 여덟의 나이로 돌아가실 때까지 한결같이 염불하였다. 살아 생전에도 가끔씩 신통력을 보였던 외증조할머니가 돌아가시자 정말 기적이 일어났다. 7일장(七日葬)을 지내는 동안 매일같이 방광(放光)을 하는 것이었다. 낮에는 햇빛에 가려 잘 보이지 않았으나, 밤이 되면 그 빛을 본 사람들이 '불이 났다'며 물통을 들고 달려오기를 매일같이 하였다.

한결같은 염불정신! 그 결과는 반드시 우리를 불국정토에 머물 수 있게 한다. 한결같이 염불정진하는 분은 살아서나 죽어서나 부처님과 함께 하는 것이다. 부디 부지런히 염불하여 염불삼매를 이루어보라. 삼매에 젖어들면 능히 서대문(서방정토)을 통과하여 부처님께서 머무시는 보배궁전 속으로 들어갈 수 있나니……

-《일타 스님 법어집》

생사해탈의 오직 한 길

1판 1쇄 펴낸날 2015년 8월 28일

엮은이 상이암
발행인 김재경
기획 김성우
편집 이유경
디자인 최정근
마케팅 권태형
제작 대명인쇄
펴낸곳 도서출판 비움과소통

　　　　　서울시 구로구 구로동로 206(구로동 487-36 1층)

　　　　　전화 02-2632-8739　팩스 0505-115-2068

홈페이지 http://bns-mall.co.kr　**이메일** buddhapia5@daum.net
출판등록 2010년 6월 18일 제318-2010-000092호

© 상이암
ISBN 978-89-97188-81-9 03220

전법을 위한 법보시용 불서는 저렴하게 제작·보급해 드립니다.
다량 주문시에는 표지·본문 등에 원하시는 문구(文句)를 넣어드립니다.